Lucie Mougenot • Marie-Josèphe Guerville

Éducation physique à grands pas

pour la maternelle

RETZ
editions-retz.com

Nous remercions chaleureusement l'ensemble des personnes qui ont contribué à la réalisation de cet ouvrage et qui nous ont permis de filmer les enfants pendant les séances. Nous pensons ainsi à Raphaël Teuf qui était conseiller pédagogique et technique durant l'année scolaire 2017-2018 auprès de l'IEN adjointe à l'IA-DASEN de la Somme, aux directeurs et directrices des écoles maternelles qui nous ont accueillies pendant plusieurs mois, aux enseignants et enseignantes avec qui nous avons collaboré dans les classes, et surtout à l'ensemble des enfants des écoles Valentine Clément à Rosières-en-Santerre, Delpech et Jacques Prévert à Amiens.

Cet ouvrage est pour nous l'aboutissement de plusieurs années de réflexion et d'expérimentations, le fruit d'un travail coopératif entre deux formatrices au parcours complémentaire.

ISBN : 978-2-7256-3707-5

FSC www.fsc.org MIXTE Papier issu de sources responsables FSC® C022030

Cet ouvrage est conforme à la nouvelle orthographe www.orthographe-recommandee.info

Cet ouvrage suit l'orthographe recommandée par les rectifications de 1990 et les programmes scolaires. Voir le site http ://www.orthographe-recommandee.info et son miniguide d'information

Sommaire

INTRODUCTION

MODULES

Présentation de l'ouvrage

Cet ouvrage a pour vocation de vous aider à mettre en œuvre puis à concevoir des modules en éducation physique à l'école maternelle.
Notre démarche pédagogique est en lien avec le développement moteur, cognitif, affectif, relationnel et langagier des 2-5 ans et en cohérence avec les préconisations institutionnelles.
Il s'agit de vous accompagner dans la construction des modules d'enseignement pour qu'ils répondent au mieux aux besoins des enfants et leur permettent de progresser, et non de présenter un répertoire de situations d'apprentissage ou de jeux adaptés aux spécificités des enfants de cette tranche d'âge. De ce fait, chacune des **propositions ne pourra être perçue comme une progression linéaire** qui serait transférable à toute classe de maternelle.

En revanche, nous tenons à souligner que chacune des propositions a été expérimentée en classe et a été construite en collaboration avec les enseignants concernés et ce, à partir de l'analyse des actions et réponses motrices des enfants. L'observation a une place privilégiée dans la démarche. Ce sont les fruits de ces expériences en classe qui sont développés ici et dont vous pourrez visionner quelques traces à partir du support DVD. **Les propositions que nous faisons nécessitent peu de matériel et sont accessibles à tous, même aux débutants.** Selon les besoins que vous observerez dans vos écoles, selon les réussites, les ***ressources**** des élèves à développer, vous pourrez construire pas à pas votre module en utilisant les exemples et les outils transversaux indiqués dans cet ouvrage.

Organisation de l'ouvrage

L'ouvrage est composé de deux parties :

- Dans la première partie, nous proposons des éléments théoriques et des outils transversaux qui vous aideront à mieux identifier, comprendre notre démarche et nos propositions afin de les transposer à votre classe.

- Dans la seconde partie, nous développons 7 propositions de modules d'éducation physique (voir tableau p. 13), construits pas à pas ; leur durée peut bien sûr être modifiée selon votre contexte de classe.

  Chaque module est construit de la même manière et comporte les éléments suivants :
  – **l'objectif et les attendus du programme** (voir p. 5, « l'intitulé du domaine d'apprentissage ») ;
  – ce qu'il faut savoir avant de mettre en œuvre le module (voir p. 8, « Éclairage pédagogique et justifications didactiques ») ;
  – **8 à 10 séances de 30 à 40 minutes** autour d'une ***situation de référence**** et de plusieurs situations d'apprentissage (voir p. 15, « Comment construire un module d'éducation physique ? ») ;
  – **des précisions sur le déroulement des séances** avec des exemples de conduites typiques et des repères donnés aux élèves pour les aider à progresser, (voir p. 26, « Pourquoi et comment placer les élèves en réussite dès la première séance ? »), des indicateurs de réussite, ainsi que des exemples de questions à poser lors de la mise en commun et les réponses possibles des élèves ;
  – **des exemples de formulations de savoirs par l'enseignant** proposés dans un libellé accessible aux élèves ;
  – **des possibilités de différenciation** (voir p. 20, « Comment prendre en compte la diversité ? ») ;
  – **des pistes pour adapter le module à un autre niveau de classe** ;
  – **des exemples de traces** (voir les fiches « Ce que nous avons appris en éducation physique ») sont envisagés à la fin de chaque module pour renseigner avec les enfants le carnet de suivi des apprentissages et ainsi informer les parents des réussites de leur enfant.

En complément, 10 vidéos montrant des séances filmées en classe et illustrant notre propos dans l'ouvrage sont proposées sur le DVD.

Intitulé du domaine d'apprentissage

Les modules proposés dans cet ouvrage s'articulent avec le programme de l'école maternelle du 24 juin 2021 (BO n°25) et s'inscrivent dans la logique des ressources d'accompagnement disponibles sur le site Eduscol.

L'éducation physique à la maternelle depuis le programme de 2015 apparait sous la dénomination « Agir, s'exprimer, comprendre à travers l'activité physique ». Cet intitulé mérite que l'on s'y intéresse quelques instants pour mieux en cerner les enjeux.

En effet, comme évoqué dans les ressources d'accompagnement, il s'agit, dans ce domaine, **d'amener les enfants à dépasser le « faire » pour parvenir à « dire le faire » et « penser le faire », c'est-à-dire qu'il s'agit de les amener progressivement à passer de l'action à la réflexion.**

Autrement dit, être en activité physique ne signifie pas uniquement être en mouvement ou réaliser des actions. Le passage de l'action à la réflexion sur l'action est essentiel pour que l'enfant puisse peu à peu construire un regard réflexif sur son action et ainsi en dépasser l'immédiateté pour être de plus en plus en réussite et efficace. Notre démarche s'articule autour de trois mots-clés : « agir », « réussir », « comprendre ».
(V. Bouysse, 2015)[1]

Agir

Agir avec son corps est une priorité. Selon V. Bouysse (2015), il s'agit de mettre les enfants en situation de « prendre des initiatives », et pas seulement d'exécuter des actions, des tâches, et de « faire » comme par exemple manipuler, essayer, recommencer.

Même si se représenter, penser et comprendre sont des éléments déterminants pour se construire et progresser, **l'action est quant à elle essentielle et doit représenter la majeure partie du temps consacré à ce domaine**. Le temps de pratique de chaque enfant doit être optimisé pour que celui-ci puisse évoluer et progresser en répétant suffisamment. Les durées des modules ne sont donc pas fixes mais modulables selon les réponses des enfants. Par ailleurs, **les situations proposées permettent toujours à l'ensemble de la classe de participer activement et en même temps à la séance d'éducation physique** afin d'optimiser le temps de pratique de chacun.

Réussir

C'est une condition indispensable pour progresser. Selon V. Bouysse (2015), à ce niveau, le rôle de l'enseignant va être, d'une part, d'apporter les ***étayages**** indispensables pour permettre à chaque enfant de réussir et, d'autre part, de témoigner de cette réussite. L'enfant doit éprouver le plaisir de réussir, cela est fondateur dans son développement. La réussite conditionne la mobilisation et la persévérance des élèves dans les pratiques proposées. À la maternelle, autant qu'il le peut, l'enseignant doit proposer des situations aux cours desquelles l'enfant va pouvoir de lui-même constater sa réussite ou celle des autres. Les ***situations autovalidantes**** ne sont pas toujours possibles à mettre en place en éducation physique, il est alors nécessaire de pouvoir renseigner cette réussite, de donner les moyens aux enfants de l'identifier et de la valoriser autant que possible. De même, les situations ouvertes dans lesquelles l'enfant pourra effectuer des choix, c'est-à-dire utiliser des procédures variées pour atteindre le but proposé, seront multipliées pour permettre à chacun d'atteindre le but demandé, quelles que soient ses ressources.

---

1. Viviane Bouysse est inspectrice générale de l'Éducation nationale. Voir sa conférence disponible en ligne sur le site de Canopé Lyon, chapitre 11 « La pédagogie à l'école maternelle : agir, réussir, comprendre ».

Comprendre

L'enfant va formaliser en aval et en amont de la pratique ce qu'il a compris, ce qu'il pense faire, comment il pense s'y prendre pour être efficace. Selon V. Bouysse (2015), l'enfant doit comprendre pourquoi il a réussi et ce qui l'a fait réussir, autrement dit, ce qui permet de réussir afin de recommencer la fois suivante. En effet, si on ne comprend pas pourquoi on a réussi, on ne peut pas recommencer à réussir.

Ce lien entre ce que l'on fait et le résultat passe par une mise en mots. Avec les plus jeunes enfants, c'est l'enseignant qui met en mots le pourquoi de la réussite. L'enfant se construit ainsi progressivement en tant qu'élève.

La compréhension nécessite de pouvoir partager avec les autres les manières de faire et d'adapter ensuite ses propres stratégies au contexte pour être efficace ou explorer davantage. Agir est un préalable à la compréhension (si je ne joue pas suffisamment je ne peux pas cerner ce qu'il faut faire ni comment) et comprendre permet ensuite de mieux agir en étant plus précis ou plus rapide par exemple.

En résumé, comme le précisent les documents ressources EDUSCOL[2] (p. 9) : « apprendre à l'école, c'est prendre conscience progressivement, par le langage, de ce qui se joue dans l'action et au-delà d'elle ». Par ailleurs, « apprendre à l'école, c'est suspendre l'action pour la penser ».

Le rôle de l'enseignant va donc être de « provoquer la mise en action de la pensée ». L'enfant devra identifier que, au-delà de ce qu'il vit comme un jeu, il y a « quelque chose à apprendre ».

Ainsi, « penser le faire », c'est prendre de la distance par le langage et ce sont ces processus de pensée que l'enseignant cherche en quelque sorte à « activer ».

Pour cela, l'enseignant mettra en place une pédagogie explicite : explicitation du pourquoi (les attendus visés, la finalité des tâches) et du comment (procédures, démarches, stratégies).

Partager ses expériences, aborder les procédures mises en place ou les obstacles rencontrés aide l'enfant à se construire en tant que personne singulière au sein du groupe.

2. Créer une dynamique d'apprentissage http://cache.media.eduscol.education.fr/file/Agir/44/1/Ress_c1_agir_creer-dynamique_456441.pdf

Le tableau suivant récapitule ce que doit être l'éducation physique à la maternelle et ce qu'elle ne peut pas être.

CE QUE PEUT ÊTRE L'ÉDUCATION PHYSIQUE	CE QU'ELLE NE PEUT PAS ÊTRE
des pratiques individuelles et collectives ponctuées et reliées par des mises en commun	une pratique individuelle, les uns à côté des autres dans laquelle le « faire » est privilégié
une priorité accordée à l'activité physique	des moments de regroupement trop longs, des files d'attente, des temps passés à observer les autres systématiques ou sans intérêt précis
des pratiques orientées en fonction d'objectifs spécifiques, c'est-à-dire liés au développement psychomoteur de l'enfant : *par exemple, proposer un module de jeu collectif pour apprendre à esquiver et à élaborer des stratégies de course simples.*	des pratiques orientées essentiellement autour d'apprentissages transversaux : *par exemple, on joue pour apprendre à respecter une consigne ou pour apprendre à tenir différents rôles*
des pratiques adaptées au niveau de développement des enfants tout en étant ambitieuses : *par exemple, en danse, on s'appuie sur des œuvres d'art reconnues et complexes pour faire émerger un* ***inducteur**** *et élaborer une* ***chorégraphie**** *(voir module 6)*	des pratiques réduites, simplifiées et finalement trop décontextualisées, sans enjeu : *par exemple, proposer des parcours sans cibler les attentes, sans faire de lien avec une pratique sociale, ce qui n'a que peu de sens pour les élèves (voir module 2)*
des pratiques qui s'appuient sur les besoins et les acquis des élèves, ce qui signifie que le choix des pratiques et des objectifs apparait une fois que les besoins sont identifiés : *par exemple, proposer un module de course rapide parce qu'on a identifié que les élèves ont besoin d'apprendre à réagir vite*	des pratiques envisagées sans progressivité : *par exemple, proposer des jeux de manipulation avec des cerceaux de la même façon de la PS à la GS*
une pédagogie signifiante, qui propose des allers-retours entre la pratique et l'analyse de sa pratique, la mise en projet, etc. : l'observation de l'activité des élèves induit les mises en commun, qui elles-mêmes permettent de construire les séances suivantes	une succession d'activités sans analyse des réponses motrices des enfants ou l'application de progressions toutes faites

Éclairage pédagogique et justifications didactiques

Comment choisir les situations motrices en éducation physique ?

La nécessité d'analyser finement les situations

Toutes les situations motrices ne se valent pas, c'est-à-dire qu'il y a un lien étroit entre la situation que vous proposez et les attentes en termes de développement chez l'enfant. Par exemple, pour une classe de moyenne section, si l'enseignant propose un module autour du jeu d'opposition « Minuit dans la bergerie[3] », ou d'un jeu de parachute[4] avec ballons, ou encore d'un jeu d'opposition du type lapins-chasseurs[5], alors les ***ressources**** développées de façon prioritaire ne seront pas les mêmes.

Dans le premier cas, il s'agit d'un jeu d'opposition de type « un contre tous », au cours duquel les enfants vont devoir ***s'opposer**** – avec une pression adverse relativement faible – en apprenant à esquiver, à se sauver en prenant des informations pertinentes sur l'adversaire et les espaces de jeu (la bergerie notamment).

- Dans le deuxième cas, les enfants vont devoir ***coopérer****, et non s'opposer. Ils vont apprendre, en manipulant collectivement le parachute, à adapter et à coordonner leurs actions à celles des autres.
- Dans le troisième cas, le jeu de lapins-chasseurs, les enfants vont apprendre à s'opposer avec une pression adverse de plus en plus forte exercée par le lancer d'un ballon, ce qui amène une ***prise de risque**** certaine. La coopération, au service de l'opposition[6], sera quasiment absente du jeu car non obligatoire pour atteindre le but. La prise d'information et de décision sera centrale et très complexe pour éviter les balles ou pour tirer et viser des cibles mouvantes, selon les rôles tenus.

À travers ces trois exemples, on constate que le choix de la situation est très important et qu'il doit être cohérent avec l'objectif poursuivi.

Il est alors indispensable de bien analyser les situations à partir de leurs traits de ***logique interne**** – en référence à Pierre Parlebas (voir ci-contre) – pour anticiper au mieux les conduites des élèves et identifier les ressources allant être développées. Ainsi, chaque situation est définie à partir de contraintes, de règles (espace, temps, objets, type d'interactions éventuelles avec des partenaires ou adversaires) et offre au pratiquant (ici les élèves) – qui est aussi un apprenant – un ensemble de possibles à l'intérieur de ce cadre défini. Ensuite, le pratiquant va – en fonction de ses besoins, de ses préoccupations, de son vécu et de ses représentations – agir, interagir comme bon lui semble, à partir des ressources dont il dispose.

Dès lors, mentionner seulement un type d'activité physique (par exemple, mentionner uniquement « jeu collectif » sur sa préparation) ne suffit pas et nécessite d'expliquer pourquoi cette pratique est choisie et pas une autre au regard des objectifs à atteindre.

- Prenons l'exemple de la course. Courir nécessite certes le développement de certaines ***ressources motrices**** pour parcourir quelques mètres : coordination motrice, dissociation des différentes parties du corps.

Cependant, entre courir vite contre un adversaire sur 10 mètres, courir en relai sur des portions de 10 mètres en s'opposant à une équipe, courir deux minutes en aisance respiratoire, ou encore courir en petit peloton

---

3. « Minuit dans la bergerie » est un jeu traditionnel de poursuite : les moutons ont une bergerie pour se réfugier et vont réveiller le loup qui dort dans sa maison en s'approchant et en lui demandant : « Loup, quelle heure est-il ? » Le loup donne différentes réponses jusqu'au moment où il dit : « Il est minuit et je vais vous manger ! », il se retourne et tente alors d'attraper un mouton.

4. Le parachute est une grande toile entourée de poignées tenues par les enfants. Il y a un trou au centre de la toile. Différents jeux peuvent être inventés, avec ou sans ballon(s) ; les participants doivent se coordonner pour manipuler la toile selon le but défini.

5. Le jeu lapins-chasseurs est un jeu traditionnel dans lequel les lapins doivent traverser un terrain qui est entouré de chasseurs. Les chasseurs doivent toucher les lapins avec des ballons en les lançant. De nombreuses variantes sont possibles.

6. Dans ce jeu, les lapins pourraient très bien commencer à réaliser des stratégies collectives pour échapper au chasseur : par exemple, s'éparpiller ou tous traverser le terrain en même temps. Cependant, cette coopération (verbale puis motrice) n'est pas obligatoire et a pour but de « sauver sa peau » et de s'opposer aux chasseurs.

pour réaliser une performance collective, les enjeux éducatifs et les ressources convoquées et développées ne seront pas les mêmes.
La nécessité d'adopter une posture pour partir vite et d'être attentif au signal en course rapide (voir module 5) n'aura aucun sens en course sur un temps plus long. L'adaptation de son allure à celle de ses camarades dans une course en peloton coopératif sera centrale, alors que dans une course d'opposition il s'agira plutôt de tromper et battre son adversaire. Les ressources physiques et énergétiques seront bien différentes entre la course rapide (énergie plutôt explosive de très courte durée) et la course plus longue (courir en aisance respiratoire, à allure modérée pour tenir plus longtemps). Ainsi, dire que l'on va proposer un module de course n'est pas très pertinent, on préfèrera par exemple dire que l'on souhaite développer les ressources attentionnelles et motrices en construisant un module de course rapide au cours duquel le départ (posture et attention) sera central.

Un module en éducation physique s'appuie sur une situation bien définie au départ et cohérente en fonction des objectifs que l'on cherche à atteindre. L'analyse de cette situation permettra d'identifier quelles sont les ressources prédominantes à développer chez l'élève (parmi d'autres, plutôt convoquées) pour qu'il progresse.

La classification des situations motrices de Pierre Parlebas

Afin de se repérer au mieux et de choisir les situations à proposer en fonction des objectifs[7] (ex : courir vite, esquiver, se renverser) ou des enjeux éducatifs[8] (ex : coopérer avec ses camarades, tenir différents rôles, argumenter ses choix…), nous nous appuyons sur la classification des situations motrices de Pierre Parlebas, largement reprise dans le courant de la praxéologie motrice.
D'après Pierre Parlebas, la logique interne définit la structure de la situation, son cadre, ses caractéristiques majeures qui vont induire ensuite des choix de la part du pratiquant, dans notre cas les élèves. Pierre Parlebas construit sa classification des situations en s'appuyant sur trois éléments majeurs : **la présence ou non de partenaire(s), d'adversaire(s) et/ou d'incertitude du milieu.**

L'incertitude du milieu

C'est le degré de connaissance qu'ont les pratiquants de l'environnement, du milieu dans lequel ils vont évoluer.

- **Si le milieu est connu** – ce qui est le cas pour la très grande majorité des situations au cycle 1 –, alors la prise d'information dans l'environnement est faible : les actions motrices seront davantage automatisées, c'est-à-dire que les élèves n'auront pas besoin d'y réfléchir en agissant. Par exemple, quand je sais faire une roulade avant sur un plan incliné, je peux aller plus vite et penser à autre chose si je l'ai automatisée. On retrouve ici les activités de gymnastique, danse, athlétisme, natation en piscine, jeu dans la salle d'éducation physique.
- **Si en revanche le *milieu** est *incertain**,** le pratiquant va alors adapter ses actions à l'environnement et apprendre à répondre aux situations nouvelles de façon pertinente. La prise d'information sur le milieu et la prise de décision sont fondamentales.

On retrouve ici toutes les activités de pleine nature ou qui se déroulent en plein air, comme les jeux traditionnels en extérieur, les jeux d'orientation pour découvrir un lieu nouveau, les circuits à vélo, l'exploration en randonnée, par exemple, d'un nouvel environnement.

Remarque : *Avec des élèves de cycle 1, cette notion d'incertitude du milieu est à relativiser par rapport aux élèves de cycle 2 ou 3. En effet, l'environnement proche, connu des enfants d'école maternelle, est très restreint dans un premier temps. Comme nous le verrons dans les jeux d'orientation proposés au module 4, identifier et retrouver des éléments remarquables (comme un banc, une fenêtre, un arbre…) de la cour ou dans l'école est déjà une forme d'incertitude importante car les jeunes enfants n'anticipent pas leurs déplacements comme les plus grands.*
Entre trois et six ans, ils ne peuvent pas se représenter en amont par où ils vont passer pour aller à tel ou endroit ni quels obstacles ils vont rencontrer d'ici quelques mètres, dans un nouveau parcours à vélo par exemple.

7. Les objectifs d'apprentissage peuvent être généraux ou spécifiques. Ils visent l'acquisition de connaissances et de compétences par la précision de ce qu'il y a à apprendre.
8. Les enjeux éducatifs visent l'émancipation des sujets et la transmission d'une culture. Il s'agit de visées transversales allant concourir au développement de la personne. Par exemple, la recherche d'une plus grande autonomie, la capacité à prendre des décisions, à agir rapidement, à s'adapter aux autres, etc.

La présence ou non de partenaires ou d'adversaires

Différents cas de figure se présentent ici, et peuvent se combiner avec la présence ou non d'incertitude du milieu.

- **Il n'y a pas de partenaire ni d'adversaire** : le pratiquant agit seul, sans nécessité d'interagir avec des adversaires ou des partenaires. Dans ces situations qualifiées de psychomotrices, les élèves vont alors développer de façon prioritaire leurs ressources motrices (par exemple : coordination motrice, dissociation des différentes parties du corps, latéralisation, contrôle du tonus) et la prise d'informations sur soi (par exemple : sentir mon dos qui roule au sol, percevoir l'alignement de mes bras avec mon tronc). On retrouve les situations de gymnastique (sauf acrosport ou gymnastique en groupe), d'athlétisme (sauf le relai), les parcours de roule et glisse en milieu connu. L'enfant se centre sur ses propres actions et n'a pas à s'adapter aux autres.

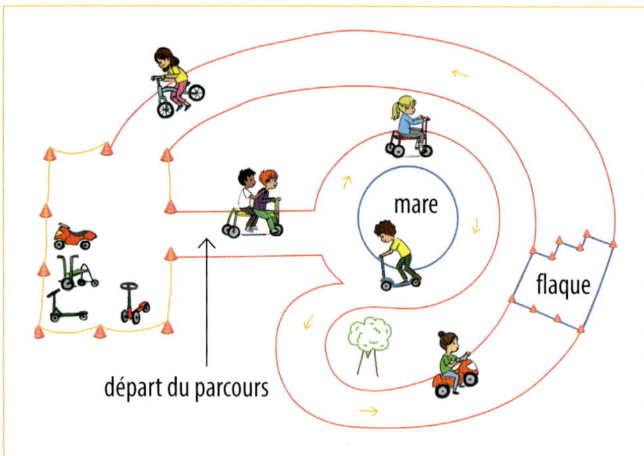

Module 1, parcours de roule et glisse.

- **Il y a des partenaires ou des adversaires** : les interactions avec les autres sont essentielles pour réussir. Ces situations sont qualifiées de sociomotrices. Il n'est pas possible d'atteindre le but demandé sans interagir ou prendre en compte les actions des autres. L'enfant doit prendre en compte les décisions des autres, les anticiper au mieux en coopérant ou en s'y opposant. Ces pratiques collectives vont permettre de développer les ***ressources relationnelles**** en faisant vivre aux enfants différentes formes de relation aux autres, ainsi que les ***ressources informationnelles et décisionnelles****.

- **Si l'élève a un ou plusieurs partenaires mais pas d'adversaire** : les partenaires vont apprendre à coopérer (par leurs actions motrices et le langage) pour rechercher une réussite commune. L'enfant va devoir exprimer corporellement des messages clairs et prévisibles pour les autres et apprendre aussi à les décoder. Cela favorise les interactions de solidarité mais permet moins, par exemple, de développer l'anticipation des actions d'autrui car il y a bien moins d'incertitude par rapport à une situation on l'on s'oppose à quelqu'un. On trouve par exemple ici la danse collective (avec ***relations entre danseurs****, voir module 6), la gymnastique rythmique ou les pratiques de cirque par 2, les jeux d'orientation par équipes de 2 ou 3, les jeux collectifs de coopération (jeu du parachute, voir page 8, jeux de déménagement en relai[9] ou avec de gros objets à transporter à plusieurs).

Dans le module 4 « Jeux d'orientation », les enfants sont par deux pour chercher un endroit de la cour à partir d'une photo.

- **Si l'élève a un ou plusieurs adversaires mais pas de partenaire :** il s'agit d'apprendre à s'opposer à autrui. L'opposition nécessite de prendre en compte les autres, d'anticiper et de prendre des décisions dans l'urgence car l'incertitude provenant des actions des adversaires est souvent forte, augmentée par le nombre d'opposants. Il est nécessaire de décoder le jeu que l'autre tente de cacher.
Attention cependant à ne pas privilégier ces pratiques d'opposition par rapport aux autres car, même si elles permettent de développer l'***intelligence motrice****, elles développent aussi l'***agressivité motrice**** : le but est bien de battre les autres, de gagner en faisant perdre autrui. On y trouve par exemple les jeux d'opposition un contre un de type jeux de lutte, les jeux « seul contre tous », les jeux collectifs comme les éperviers déménageurs[10] (où il n'est pas obligatoire de coopérer).
Dans cet ouvrage, nous ne proposons pas de situation d'opposition et privilégions les pratiques de coopération.
- **Si l'élève a des partenaires et des adversaires** : la finalité est bien de gagner (donc de s'opposer) même si les actions de coopération sont nécessaires. La complexité informationnelle et décisionnelle est ici au cœur des apprentissages. C'est le cas, par exemple, des jeux de loup(s) avec délivrance des partenaires, des éperviers déménageurs avec les enfants par deux accrochés bras dessus-dessous (il est donc obligatoire de coopérer avec son camarade accroché).

Au regard de cette classification, on se rend compte que la complexité informationnelle n'est pas du tout la même selon les situations proposées. **Plus les enfants sont jeunes, plus cette complexité devra être réduite.** Ainsi, l'enseignant proposera en premier lieu des situations psychomotrices surtout dans le cadre des jeux. Les premiers jeux collectifs seront du type « chacun pour soi », avec un but commun à atteindre mais où chacun évolue à sa guise sans nécessité de coopérer ou de s'opposer : par exemple un jeu de déménagement, comme celui proposé dans le module 3 (voir ci-dessous).

Module 3, jeu de déménagement.

Ensuite viendront des jeux de coopération et enfin des jeux avec opposition.
Le risque de proposer de l'opposition trop tôt est de voir certains enfants complètement inhibés sur le terrain de jeu, perdus voire immobiles ou au contraire courant dans tous les sens. Les jeux où il faut à la fois coopérer et s'opposer sont trop complexes aussi car ils nécessitent de passer par des sous-buts pour atteindre le but : *par exemple, je dois attendre que le crocodile regarde ailleurs pour en profiter et passer rapidement afin de ne pas me faire attraper.*
On préfèrera d'abord l'***opposition différée**** (comme au module 7 autour du jeu de l'horloge) ou alors les jeux d'opposition seul contre tous (jeu de loup), là où la menace de l'adversaire (le loup) est peu importante au vu du nombre total de joueurs.

Les enjeux éducatifs selon la classification

Le tableau ci-dessous permet de répertorier un certain nombres de situations au cycle 1 et leurs enjeux éducatifs (en italique, les modules proposés dans l'ouvrage).

TYPES DE SITUATION	EXEMPLES D'ENJEUX ÉDUCATIFS ET DÉVELOPPEMENTAUX	EXEMPLES DE PRATIQUES AU CYCLE 1
Situation psychomotrice (j'agis seul), milieu certain	• Dépense énergétique parfois forte. • Développement de la coordination et dissociation des membres du haut et du bas du corps. • Développement de l'équilibre.	• Ateliers avec matériel qui induit les réponses motrices : *gymnastique (module 2), lancers (module 3).* • *Course rapide (module 5).* • Exploration et manipulation de matériel seul (par exemple, trouver tout ce qu'on peut faire avec un cerceau, les uns à côté des autres). • Rondes et jeux dansés (sans interactions). • *Circuits à vélo (module 1).* • *Jeu de déménagement (module 3).*
Situation avec partenaire(s), en milieu certain	• Développement de la coopération, adaptation à autrui. • Développement de la coordination.	• Jeux ou courses de relai. • Pratiques de cirque ou GRS à deux. • *Danse (module 6).* • *Jeu de l'horloge (module 7)* comme l'opposition est différée. • Jeu des écureuils en cage. • Jeu du parachute. • *Jeux d'orientation (module 4).*
Situation de coopération en *milieu incertain**	• Dynamique affective intense : développement de la cohésion de groupe. • Prise de décision et ***prise de risque**** collectives.	Jeu d'orientation en petit groupe en milieu sécurisé semi-connu comme un square à côté de l'école, terrain municipal : *Jeux d'orientation (module 4).*
Situation d'opposition à un ou plusieurs adversaires, milieu certain	• Décodage essentiel des actions et des intentions d'autrui. • Anticipation. • Prise de décision complexe et parfois dans l'urgence.	Jeux d'opposition (duels) ; la rivière aux crocodiles ; minuit dans la bergerie.
Situation avec partenaire(s) et adversaire(s), milieu certain	• Développement de l'anticipation et décodage des intentions et actions d'autrui (les partenaires et les adversaires ayant des intentions opposées). • Complexité informationnelle et décisionnelle, action dans l'urgence.	Jeux de poursuite avec délivrance des partenaires, les éperviers déménageurs avec les enfants par deux accrochés bras dessus-dessous.

Organisation des modules proposés dans cet ouvrage

MODULE PROPOSÉ	ENJEUX ÉDUCATIFS	OBJECTIFS DU PROGRAMME DE CYCLE 1	ATTENDUS DE FIN DE CYCLE	CE QUE VONT APPRENDRE LES ÉLÈVES DANS CE MODULE	NIVEAUX DE CLASSE			
					TPS	PS	MS	GS
1. Rouler et glisser : promenons-nous en roulant	S'adapter à l'environnement aménagé en prenant des informations et des décisions pertinentes.	Adapter ses équilibres et ses déplacements à des environnements ou des contraintes variés.	Ajuster et enchainer ses actions et déplacements en fonction d'obstacles à franchir ou de la trajectoire des objets sur lesquels agir.	Se propulser et adopter une posture permettant de s'équilibrer sur différents engins roulants.	■	■		
2. Gymnastique : rouler et se renverser	Persévérer pour réussir, prendre des risques mesurés.	Adapter ses équilibres et ses déplacements à des environnements ou des contraintes variés.	Se déplacer avec aisance dans des environnements variés, naturels ou aménagés.	• Se déplacer dans des postures renversées. • Transférer le poids de son corps des membres inférieurs aux membres supérieurs.		■	■	
3. Lancer et viser	Persévérer pour réussir, se concentrer avant d'agir.	Agir dans l'espace, dans la durée et sur les objets.	Sauter, courir, lancer de différentes façons, dans des espaces et avec des matériels variés, dans un but précis.	Lancer en adaptant ses mouvements en fonction du projectile et de la cible.		■	■	
4. Jeux d'orientation	Coopérer avec un camarade pour prendre des décisions communes et agir ensemble en autonomie.	Adapter ses équilibres et ses déplacements à des environnements ou des contraintes variés.	Se déplacer avec aisance dans des environnements variés, naturels ou aménagés.	Se repérer dans un espace connu à partir des éléments remarquables.		■	■	
5. Course rapide : à vos marques… prêts… partez !	Persévérer pour réussir, tenir différents rôles.	Agir dans l'espace, dans la durée, sur les objets.	Courir, sauter, lancer de différentes façons, dans des espaces et avec des matériels variés, dans un but précis.	Courir vite selon un temps donné : s'organiser pour partir rapidement.			■	■
6. Danse : création de la danse du sculpteur	Coopérer et entrer en contact avec ses camarades pour produire des actions expressives.	Communiquer avec les autres au travers d'actions à visée expressive ou artistique.	Construire et conserver une séquence d'actions et de déplacements, en relation avec d'autres partenaires, avec ou sans support musical	Construire une séquence d'actions en reproduisant des formes observées et en utilisant des ***relations entre danseurs**** avec et sans contact.				■
7. Jeu collectif : jeu de l'horloge	Adapter ses actions à celles de ses partenaires pour atteindre un but commun.	Collaborer, coopérer, ***s'opposer****.	Coopérer, exercer des rôles différents, complémentaires, s'opposer, élaborer des stratégies pour viser un but ou un effet commun.	Manipuler un ballon en contrôlant ses actions et en s'adaptant à ses partenaires : lancer, attraper et faire rebondir.				■

Comment construire une programmation équilibrée en EP au cycle 1 ?

L'enseignement de l'éducation physique au cycle 1 est obligatoire chaque jour. La durée de chaque séance est de 30 à 40 minutes d'action motrice effective. Plus les enfants sont jeunes et plus ce moment doit être placé tôt dans le rythme de vie de la journée. Cela nécessite une organisation précise en termes de choix d'objectifs et de situations motrices.

Une programmation en éducation physique est une organisation dans le temps des pratiques allant faire l'objet d'un enseignement. Elle concerne une classe, un cycle, une école. C'est un outil au service des enseignants, une planification des contenus d'enseignement qui permet de s'assurer que chaque enfant puisse acquérir les compétences prévues par les programmes. La programmation permet aussi d'organiser le parcours de l'enfant à l'école maternelle dans le domaine de l'éducation physique afin d'assurer la continuité des apprentissages. Il existe donc des programmations de classe et de cycle qui permettent d'assurer une continuité des apprentissages et d'éviter les redondances.

Ainsi, parmi toutes les situations possibles, qui sont des moyens pour viser des objectifs d'apprentissage, les enseignants vont choisir et les situer durant l'année scolaire, et s'organiser selon les périodes entre les vacances scolaires et par semaine. La programmation doit être en lien avec la progressivité des apprentissages et donc avec les progressions. Nous avons vu précédemment que ces choix reflètent des enjeux importants puisque les pratiques n'engendrent pas toutes les mêmes potentialités de développement. La programmation se doit d'être anticipée et construite en concertation avec les collègues du même cycle, voire de l'école.
Pour que cette programmation soit équilibrée, il est indispensables que les enfants pratiquent des domaines différents au cours de l'année scolaire et tout au long du cycle, en adéquation avec les attentes institutionnelles.
Le schéma ci-dessous explicite la démarche qui permet de réaliser cette programmation.

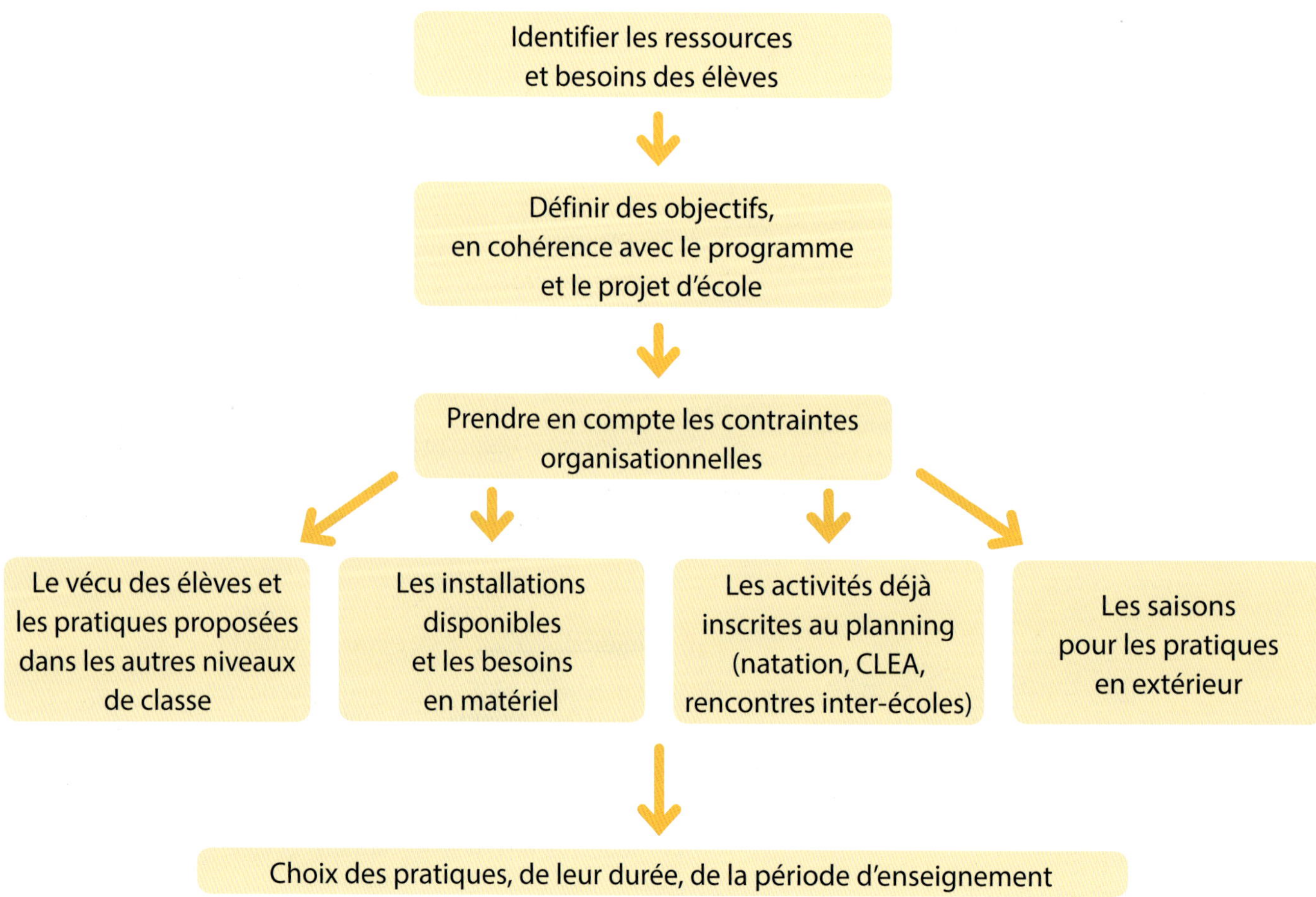

Le choix des activités physiques intervient ainsi en dernier lieu et répond à des contraintes de différents ordres, dont la plus importante est la réponse aux besoins des élèves.
Ainsi, l'enseignant définit d'abord ce qu'il souhaite pour les élèves en termes :

- **d'apprentissage et de développement moteur,** donc spécifique à l'éducation physique : par exemple, contrôler ses actions et son tonus musculaire, ou courir vite, ou développer la motricité fine ;
- **d'enjeu éducatif,** plus transversal : par exemple, coopérer, ou persévérer dans l'effort, ou développer des stratégies collectives ;
- **d'objectif langagier :** par exemple, maitriser le vocabulaire du positionnement ; dire ce qu'on a fait ; verbaliser ses actions en utilisant le vocabulaire spécifique.

Le tableau page 13 relatif à la classification des situations motrices en fonction de l'enjeu éducatif est donc un outil pertinent pour choisir une classe de pratiques et affiner ensuite le choix selon les attentes en termes de développement de la motricité.
Par exemple, si un enseignant souhaite en début d'année avec une classe de GS développer les ressources interpersonnelles, il peut choisir des situations de coopération. Parmi les choix possibles, il peut ensuite apprendre aux élèves à entrer en contact direct avec les autres dans des postures inhabituelles, en danse de création par exemple, en proposant un projet qui va susciter de nombreuses relations avec contacts entre élèves (voir module 6).

Sinon, il peut aussi choisir d'apprendre aux élèves à coopérer en verbalisant leurs intentions et en prenant en compte la parole de l'autre : dans ce cas, il peut proposer des jeux d'orientation par deux dans l'enceinte de l'école et ensuite dans un espace extérieur sécurisé et semi connu, un parc à proximité (voir module 4).
Le choix de l'objectif langagier se fait en fonction des spécificités de la pratique et des besoins identifiés.

Comment construire un module d'éducation physique ?

Durée d'un module

À la maternelle, chaque séance d'éducation physique dure 30 à 40 minutes ; un module est composé de plusieurs séances et est organisé autour d'objectifs à atteindre. La durée d'un module doit être suffisante pour que les enfants puissent développer leurs ressources et progresser. « C'est la continuité et la cohérence de la succession des séances portant sur une même catégorie d'apprentissage qui constituent des facteurs de progrès. »[11]

La durée des modules est à déterminer en fonction des progrès des élèves essentiellement et des contraintes matérielles. Cependant, un module devra comporter au minimum 8 à 10 séances de 30 à 40 minutes pour qu'il y ait suffisamment de répétitions pour espérer des progrès. Les modules peuvent aussi être complémentaires pour donner du sens aux apprentissages.
Par exemple, il est possible les lundis et mardis de proposer un module en cirque aboutissant à la création de numéros d'acrobates (les élèves vont apprendre à s'équilibrer, tourner, rouler et coopérer), et les jeudis et vendredis de proposer des ateliers ou parcours d'action motrice pour apprendre à rouler et se renverser (voir module 2), ce qui sera réinvesti dans les numéros de cirque.
Par ailleurs, il est possible en cours d'année de revenir sur un module qui a été proposé antérieurement pour renforcer les acquisitions si nécessaires, ou faire le lien avec un autre module.

Exemple d'ateliers pour apprendre à rouler et se renverser développés dans le module 2.

11. Eduscol, ressources maternelles. http://eduscol.education.fr/ressources-maternelle

Structure d'un module

Un module s'organise en plusieurs étapes selon les observations réalisées, relatives à l'activité des enfants, et les objectifs poursuivis. Par exemple, le module 6 de danse est organisé pour développer la motricité expressive et les relations entre danseurs. Ce module est structuré en différentes phases :

- une première phase de danse, tous ensemble mais les uns à côté des autres (c'est-à-dire qu'il n'y a pas d'interactions entre danseurs) est proposée – les élèves dansent et créent des postures de leur choix, immobiles (des statues) ;

- une deuxième phase est ensuite proposée à partir d'œuvres artistiques (sculptures de Niki de Saint Phalle et d'Alberto Giacometti), pour créer les premières interactions sans contact corporel entre danseurs : les élèves dansent librement et reproduisent des formes observées (statues des artistes). Puis ils doivent être à l'écoute les uns des autres pour s'arrêter et repartir tous en même temps ;

- la troisième phase permet, quant à elle, d'entrer en contact avec un partenaire : un élève joue le rôle du sculpteur qui manipule sa statue (un élève immobile), lui fait prendre une forme spécifique ;

- la dernière phase, durant laquelle le sculpteur danse avec sa statue, vise à développer la créativité, à explorer différentes façons de danser à deux (en se tenant « comme les grands », en miroir, en tournant et en se tenant les mains, etc.).

En danse, comme dans les autres modules, les phases ne sont pas décidées à l'avance par l'enseignant, mais elles se greffent les unes aux autres, au fil des séances, en tenant compte des réponses des enfants. Le module de danse aurait très bien pu démarrer de la même façon mais ensuite s'orienter vers d'autres choix (vers des statues collectives, vers une alternance des rôles de statue et sculpteur…).

Les deux types de situations proposées

Dans chaque module, pour optimiser et valoriser les progrès, il est nécessaire de proposer deux types de situations.

- Une situation stable qu'on peut appeler ***situation de référence**** est proposée régulièrement et de façon identique et à tous. Elle permet de donner du sens aux objectifs et autres situations d'apprentissage proposées au fil du module. Cette situation permet aux élèves et à l'enseignant de visualiser les progrès, de valoriser les réussites et de définir les futurs apprentissages.
  Cette situation de référence n'est donc pas une situation d'apprentissage en soi, mais plutôt une situation d'évaluation des progrès.
  Elle est :
  – **stable :** proposée à plusieurs reprises durant le module sous la même forme, avec les mêmes règles (si les conditions ou les règles changent, il n'est pas possible d'identifier de façon précise les progrès) ;
  – **ouverte :** tous les enfants doivent pouvoir atteindre le but, quelles que soient leurs capacités ;
  – **culturellement représentative :** elle s'appuie sur une pratique sociale. Dans le module 6 de danse, la situation de référence prend forme autour du travail de deux artistes reconnus, de musiques variées. De plus, la classe est organisée comme une compagnie : les enfants dansent ensemble, c'est une chorégraphie de classe qui est construite et qui aboutit à une représentation devant d'autres élèves ou les familles. Autre exemple, pour le module 7 qui propose un jeu collectif, la situation de référence est un jeu traditionnel (jeu de l'horloge), donc représentatif de la culture.

  Dans l'exemple du module 6 de danse, les observations menées lors de la situation de référence, c'est-à-dire lors de la construction de la chorégraphie, vont permettre d'établir des objectifs ciblés pour progresser. La situation de référence pourrait être proposée aux séances 1, 3, 6, 8 et 10, ce qui permet de voir l'évolution de la réussite et des procédures utilisées (les relations entre les danseurs, la précision des postures reproduites, etc.). Tous les enfants peuvent agir en même temps dans un espace défini ou en demi-groupe (avec des spectateurs), et tous peuvent réussir, le but est précis mais les procédures sont libres.

- Une fois que l'enseignant a défini la situation de référence, il va pouvoir mettre en place **des situations d'apprentissage** pour que les élèves progressent (objectifs ciblés) dans la situation de référence. Ces situations d'apprentissage ne doivent pas être trop anticipées car elles se construisent en fonction des observations.
  Le nombre de situations pour progresser est défini en fonction des observations menées et des capacités des enfants. Il est possible de ne proposer par exemple que deux situations d'apprentissage différentes, mais de les répéter, et de présenter la situation de référence quasiment à chaque séance pour une meilleure appropriation par les enfants. Le module 7 (jeu de l'horloge) est construit sur ce modèle.

Un parcours stable à réaliser avec différents engins (situation de référence, module 1).

Un atelier pour s'entrainer à freiner précisément entre les plots (situation d'apprentissage, module 1).

Par ailleurs, il est possible de proposer plusieurs situations en même temps (situation de référence + situation d'apprentissage, ou alors différentes situations d'apprentissage en parallèle), comme dans le module 1 (Rouler et glisser : promenons-nous en roulant) dans lequel les enfants ont un parcours stable à réaliser avec différents engins et, à côté, un ou plusieurs ateliers spécifiques pour progresser en conduite, équilibre, freinage, etc.

Des exemples très concrets illustrant cette alternance entre situation de référence et d'apprentissage sont proposés dans l'ouvrage. Il faut toutefois veiller à ce que la cohérence entre ces deux types de situations soit respectée.

Par exemple, pour le module 7 construit autour du jeu de l'horloge, il ne serait pas pertinent de vouloir faire progresser les enfants dans l'opposition aux autres puisque, dans ce jeu, l'opposition est différée (les deux équipes s'affrontent mais il n'y a pas d'interactions entre elles : ceux qui se passent la balle ne sont pas gênés par les coureurs, et ceux qui courent ne sont pas dérangés non plus par les joueurs en cercle qui se font des passes).
Les objectifs et situations d'apprentissage doivent refléter ce qu'il faut faire pour être efficace et progresser dans le jeu de l'horloge, par exemple : contrôler ses actions en lançant la balle (direction, force) ; attraper une balle lancée par un camarade ; lancer un ballon en cloche ; enchainer des actions simples (attraper, s'orienter lancer).

Jeu de l'horloge, module 7.

Dans cet ouvrage, les modules sont ainsi construits autour d'une situation de référence et présentent à chaque fois des situations d'apprentissage pour que les élèves progressent en fonction d'observations précises qui ont été testées dans des classes. De fait, il ne s'agit pas de progressions à suivre, mais plus de propositions, sous forme d'arborescence : dans chaque module, la rubrique « conduites typiques » vous aidera à mieux identifier les besoins selon vos observations, et définir les situations d'apprentissage pertinentes.

Ce schéma présente les différentes phases pour construire un module :

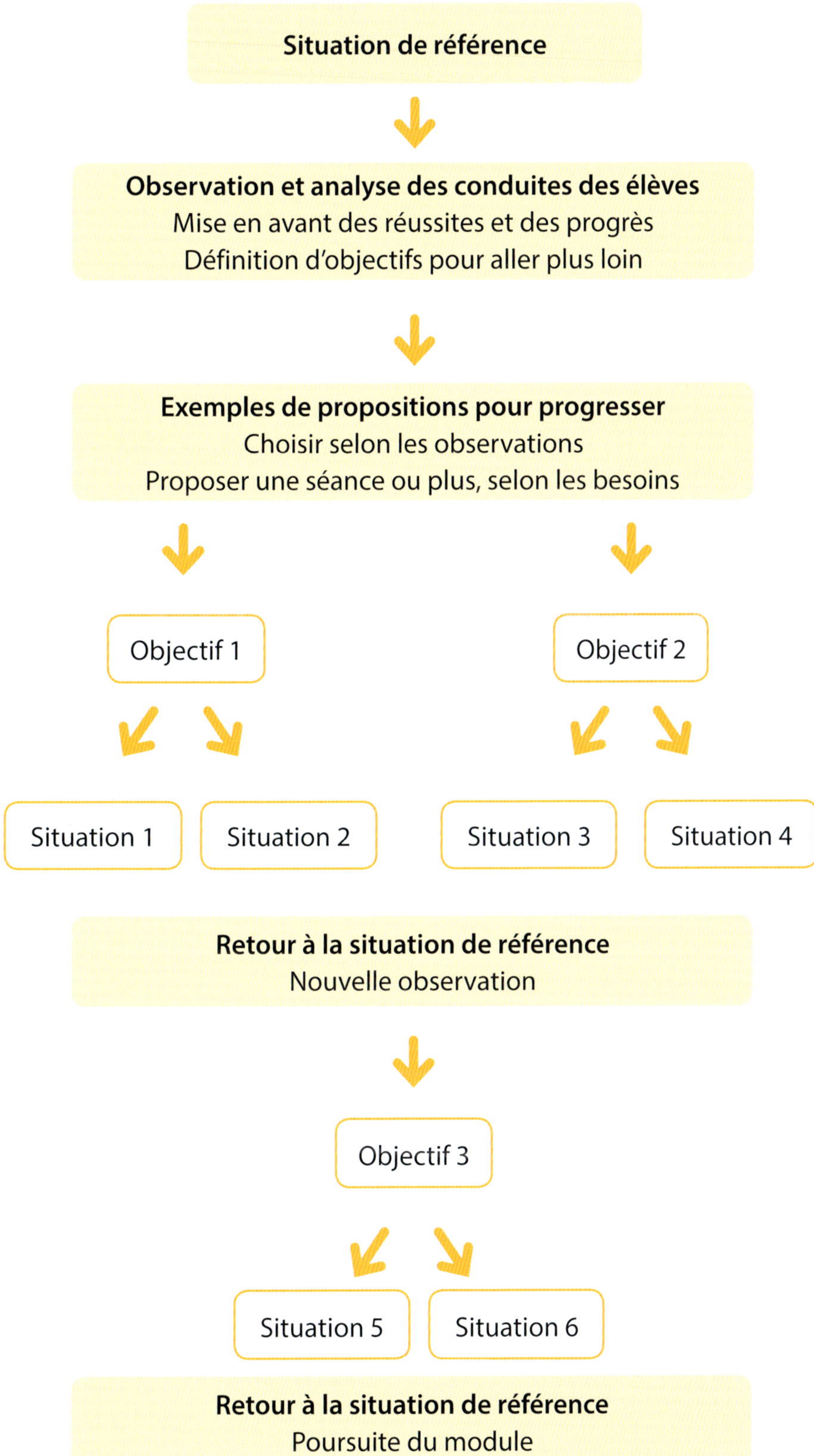

L'évaluation

L'évaluation se construit donc tout au long du module, par l'observation. Ce n'est pas une situation artificielle proposée à la fin. La stabilité de la situation de référence permet de verbaliser les progrès de façon très concrète, en comparant les réussites de chacun à un moment donné avec celles observées au début du module.

Comment prendre en compte la diversité des élèves ?

À l'école maternelle, plus qu'ailleurs, l'hétérogénéité des élèves est particulièrement sensible. Il s'agira de la prendre en compte, à la fois dans les classes comprenant des enfants d'une même tranche d'âge et dans les classes multiniveau.
Par contre, il y a parfois peu de différences entre un enfant de PS né en décembre et un enfant de MS né en janvier. À contrario, il peut y avoir un écart au niveau des compétences entre un enfant de PS né en janvier et un enfant de PS né en septembre. De ce fait, nous associerons les PS et les MS ou les MS et les GS dans nos propositions.

Par ailleurs, les enfants ne se développent pas tous de la même façon en même temps ! Cette hétérogénéité des ressources des enfants et de leur rythme de développement constitue une richesse au sein de la classe dont il faudra tirer parti.
Il faut donc apprendre à observer les enfants[13], afin de s'adapter à leurs ressources et à leurs besoins, plutôt qu'attendre que ce soient eux qui s'adaptent à des attentes normatives. C'est un geste professionnel majeur à l'école maternelle.

La prise en compte de l'hétérogénéité doit donc répondre aux besoins et au rythme des enfants et favoriser une meilleure construction des savoirs et des savoir-faire.
Des éléments de différenciation seront évoqués dans les modules proposés :
Il pourra s'agir :

- d'une différenciation simultanée ;
- ou d'une différenciation successive[14].

La différenciation simultanée

La différenciation simultanée sera mise en œuvre dans deux cas de figure : premier cas, lorsque nous proposerons des ***situations plutôt fermées**** – dans lesquelles la réponse attendue est précise ; par exemple dans le module de danse, lorsque les enfants doivent reproduire corporellement une statue créée par un artiste, nous leur offrons la possibilité de choisir entre différentes postures. Second cas, lorsque nous proposerons, ***des situations semi-ouvertes****[15] (la plupart du temps), c'est-à-dire quand les élèves devront atteindre le but demandé mais avec différentes procédures possibles. Par exemple, dans les jeux d'orientation (module 4) quand l'enfant doit retrouver un ***élément remarquable**** de la cour à partir d'une photo, différentes stratégies sont possibles, il n'y a pas qu'une manière de procéder.

Module 4, les enfants retrouvent l'arbre en photo.

Des exemples de procédures seront donnés tout au long des propositions dans cet ouvrage, de façon non exhaustive bien entendu. Ainsi, la différenciation simultanée est inhérente à ce type de situations.

La différenciation successive

La différenciation sera aussi successive : les élèves sont plusieurs fois de suite dans la même situation, mais en organisant entre chaque moment d'activité **une mise en commun** qui permet alors un partage de procédures.

- Exemples de procédures partagées lors des situations d'apprentissage du module 3 « Lancer et viser », qui permettront avec la répétition de la même situation d'optimiser les progrès :
  Pour faire tomber toutes les quilles, il faut :
  – lancer au ras du sol ou faire rouler les balles ;
  – bien regarder les quilles pour les viser et lancer droit ;
  – lancer assez fort pour les faire tomber.

---

13. Ressources maternelle, p. 17, https://cache.media.eduscol.education.fr/file/Agir/44/1/Ress_c1_agir_creer-dynamique_456441.pdf

14. P. Meirieu, 1985, *Cahiers pédagogiques*, 1997, http://webetab.ac-bordeaux.fr/Primaire/24/IENPerigueux2/pdt_mdi/documents/intro/peda_differenciee_essentiel.pdf

15. Une situation semi-ouverte comporte un but précis à atteindre mais une liberté dans les procédures pour réussir.

Entre chaque essai, les élèves auront pu observer ou entendre d'autres façons de procéder, ils ne sont donc pas exactement dans les mêmes conditions à chaque fois.

- Par exemple, en danse (module 6), il est demandé aux élèves de danser et, au signal, de reproduire une statue de leur choix, créée par Giacometti. Des photos présentant deux statues sont affichées. Les élèves s'essaient, plusieurs fois sur une musique de 3 minutes. Ensuite, une mise en commun est organisée avec toute la classe et l'enseignant demande aux élèves comment ils ont fait pour reproduire la forme qu'ils ont choisie. Certains vont expliquer, d'autres montrer, l'enseignant va reformuler si besoin et, peu à peu, des règles d'actions pour réussir peuvent émerger. Ensuite, la même situation est à nouveau proposée. Il s'agit donc ici d'une différenciation successive, au sens de Meirieu (*Op. cit.*).

La différenciation pourra s'exercer lors des phases de découverte, d'exploration, lors des phases de structuration, lors des phases d'entrainement et devra toujours cibler, comme évoqué supra, la réussite de chacun. Autrement dit, c'est grâce à l'observation de l'activité des élèves que l'enseignant choisira de mettre en place tel ou tel élément de différenciation, ou de répéter certaines situations, d'ajouter une mise en commun pour partager les procédures.

Dans le cadre des situations conduites en éducation physique, voici des éléments à prendre en compte, de façon non exhaustive, pour réguler et ajuster son enseignement :
– l'âge (attention, les différences en âge entre des élèves de PS et des élèves de MS ou entre des élèves de MS et des élèves de GS sont parfois très minimes) ;
– le vécu de chacun en termes d'expériences motrices et les habiletés motrices ;
– les ressources psychologiques, affectives et émotionnelles ;
– le gout du risque ;
– le rapport au savoir ;
– les capacités d'attention ;
– les relations aux autres ;
– le rythme ;
– le plaisir d'agir.

Les différents modes d'organisation

Différents modes d'organisation pourront être retenus dans une classe à plusieurs niveaux (PS / MS / GS). Voici quelques exemples de dispositifs possibles :

- **des pratiques collectives** où tout le monde agit en même temps : certains jeux collectifs ou jeux de course / rondes et jeux dansés / danse / gymnastique rythmique ;
- **des pratiques en petits groupes homogènes**, en fonction des compétences et capacités des élèves : ilots ou ateliers pour apprendre à rouler en arrière / construction de numéros de cirque / jeux d'orientation avec différents niveaux de complexité selon les sous-groupes ;
- **des pratiques en petits groupes hétérogènes** en fonction des compétences et capacités des élèves (les conditions de réalisation des tâches seront différentes selon les compétences et besoins des élèves) : jeu de course poursuite, chat et souris, avec un avantage donné à la souris / jeu collectif asymétrique avec des rôles différents / construction de numéros de cirque avec là aussi des rôles différents / ateliers de lancer avec différentes cibles ou des cibles plus ou moins proches ;

Jeu de course poursuite, chat et souris, avec un avantage donné au départ à la souris.

- **des pratiques en groupes constitués en fonction de l'âge des enfants :** par exemple les MS créent un numéro de cirque intitulé « les dompteurs », pendant que les GS créent un numéro d'acrobates ;
- **des pratiques de tutorat :** il s'agira pour un enfant expert d'aider un enfant novice : attention cependant, le tutorat s'apprend car il ne s'agit pas de *faire*

à la place de et il faut veiller à ce que les élèves de GS ne soient pas toujours cantonnés à ce rôle de tuteur (*cf.* Brisset[16]). Par exemple : parcours par deux à vélo ou à trottinette où l'on se suit / entrainement par deux pour apprendre à se passer un objet en le roulant, en le lançant, en le passant de mains à mains / jeu de miroir en danse / jeu d'orientation.

Parcours par deux à vélo ou à trottinette où l'on se suit.

L'alternance de ces modalités d'organisation sera privilégiée pour ne pas enfermer les élèves dans un fonctionnement unique qui peut ne pas convenir à tous. De plus, les élèves de GS par exemple pourront apprécier parfois de se retrouver ensemble pour vivre de nouvelles expériences, et à d'autres moments ils pourront aimer le fait d'accompagner des enfants plus jeunes et de jouer avec eux.

Ces différentes modalités d'organisation pourront alterner au cours d'une même séance et d'un module. Elles seront choisies en fonction des objectifs de l'enseignant.

Le rôle des Atsems dans les modules d'éducation physique

Dans le cas des activités en petits groupes, le rôle de l'ATSEM est à anticiper et à organiser. L'ATSEM pourra éventuellement prendre en charge un groupe, à partir de recommandations précises et explicites, et à condition que les enfants soient dans la phase de recherche ou dans la phase d'entrainement de la situation d'apprentissage. Nos observations dans les classes nous apprennent que « la posture de l'ATSEM peut parfois nuire à l'apprentissage et à l'autonomie des enfants[17] ». Ses interventions doivent donc être soigneusement préparées en amont de la séance. Dans le module 1, l'ATSEM prend en charge le groupe d'enfants en promenade libre tandis que l'enseignant s'occupe du groupe d'élèves sur le circuit.

Comment concilier le développement de l'enfant en éducation physique et les apprentissages langagiers ?

D'après le programme 2015 de l'école maternelle : « Le mot "langage" désigne un ensemble d'activités mises en œuvre par un individu lorsqu'il parle, écoute, réfléchit, essaie de comprendre et, progressivement, lit et écrit. L'école maternelle permet à tous les enfants de mettre en œuvre ces activités en mobilisant simultanément les deux composantes du langage :

- **le langage oral :** utilisé dans les interactions, en production et en réception, il permet aux enfants de communiquer, de comprendre, d'apprendre et de réfléchir. C'est le moyen de découvrir les caractéristiques de la langue française et d'écouter d'autres langues parlées ;
- **le langage écrit :** présenté aux enfants progressivement jusqu'à ce qu'ils commencent à l'utiliser, il les habitue à une forme de communication dont ils découvriront les spécificités et le rôle pour garder trace, réfléchir, anticiper, s'adresser à un destinataire absent. Il prépare les enfants à l'apprentissage de l'écrire-lire au cycle 2. »

Le langage est au cœur des apprentissages !

Au-delà d'une simple formule, dans le cadre de cet ouvrage, il va s'agir pour les enfants de « mobiliser le langage dans toutes ses dimensions » :

– au service des apprentissages langagiers, d'une part ;

– et, d'autre part, au service des apprentissages moteurs, pour les conscientiser et les rendre explicites.

Chaque séance décrite comportera donc un attendu relatif au domaine « Agir, s'exprimer, comprendre à travers les activités physiques » et un attendu langagier.

16. C. Brisset & F. Moureaux (2011). Comment permettre à des élèves de moyenne et de grande sections de maternelle d'exprimer autrement leurs émotions. *Carrefours de l'éducation*, hs 1,(3), 51-69.

17. Rapport n° 2014-043 de juin 2014 Académie d'Amiens / http://www.ac-amiens.fr/uploads/media/3-A_ATSEM_rapport_2014.pdf

Mobiliser le langage dans toutes ses dimensions : l'oral

En référence à l'ouvrage coordonné par Plane et Garcia-Debanc[18], les statuts et fonctions de l'oral dans lesquels s'inscriront les apprentissages sont les suivants :

- **l'oral comme moyen d'expression :** verbaliser des émotions, des impressions, des sensations (l'enseignant doit permettre à chacun d'oser prendre la parole) ;
- **l'oral comme objet d'apprentissage :** décrire un parcours, un mouvement en danse… / évoquer un moment, une situation / expliquer, mettre en relation / argumenter et justifier / raconter / interagir avec les autres / apprentissages syntaxiques et lexicaux (l'enseignant doit favoriser la réflexion de chacun et laisser le temps nécessaire à la mise en mots ; il doit poser des questions ouvertes) ;
- **l'oral comme moyen d'apprentissage :** verbaliser le but, les consignes, des règles, les critères de réussite et de réalisation pour s'engager et évaluer l'action (l'enseignant régule les échanges, mais il doit s'effacer pour laisser la parole aux enfants).

Pour concilier le développement de l'enfant en éducation physique et les apprentissages langagiers, il est possible de s'appuyer sur les documents ressources EDUSCOL (2015) et sur le document d'accompagnement (2006)[19] dont voici quelques extraits (p. 54 et p. 59) :

Expliquer/ justifier	• Expliquer les règles d'une activité ou d'un jeu. • Justifier les décisions de l'« arbitre ». • Justifier des comportements : réactions émotives.
Interpréter	• Mettre en mots comme spectateur ce que d'autres expriment corporellement (dans les jeux de mime, d'expression corporelle, d'ombres chinoises), ce que l'on en comprend. • Évoquer un ressenti en recherchant des comparaisons (« j'ai dansé comme une princesse »).
Dessiner/ représenter	• Représenter un parcours, une organisation de l'espace, les phases d'une action particulière (par exemple, pour accompagner l'explication par écrit d'un jeu).
Raconter/relater	• Raconter une séance, un jeu ou un moment particulier. • Constituer un carnet de bord des séances de piscine (à la patinoire, etc.). • Constituer le livret individuel des « premières fois » (« la première fois que j'ai marché sur la poutre, que j'ai grimpé jusqu'en haut de l'espalier, que j'ai mis la tête sous l'eau »).
Anticiper	• Prévoir l'organisation de la salle de jeu, d'un atelier, d'un dispositif de relai, d'un parcours (dans la salle de jeu, à la piscine). • Élaborer un projet : prévoir les activités, les organiser chronologiquement, décider qui fera quoi.
Nommer/désigner	• Nommer le matériel utilisé : éléments des parcours, petit matériel, accessoires de danse. • Désigner les actions motrices (verbes et noms ; adverbes) et les actions relatives au transport et au rangement du matériel. • Nommer les postures et les gestes. • Situer dans l'espace : positions, positions relatives ; lieux précis (la cible). • Situer dans le temps : expression de la durée, de la succession, de la simultanéité.

18. S. Plane et C. Garcia-Debanc, *Comment enseigner l'oral à l'école primaire ?*, Hatier, 2004.
19. MEN, *Le langage à l'école maternelle*, CNDP, 2006.

Décrire	• Décrire des aménagements (l'organisation de la salle), une organisation collective (pour un relai, une ronde…). • Dire les manières de… (« je lance avec le bras plié ») ; les causes de… (« la poutre était trop haute alors j'ai pas pu sauter ») ; les conséquences de… (« je saute haut… donc je gagne ») ; le but (« je cours vite pour gagner »).
Comparer	• Comparer des manières de faire : « il faut se mettre tout au bout de la table pour mieux sauter » ; « tu dois allonger plus le bras pour mieux lancer ». • Comparer des quantités : mesures de longueur, de hauteur, de durée ; points d'une performance.
Donner des ordres, des consignes	• Animer un jeu. • Aider les autres enfants en donnant des indications pour un passage difficile d'un parcours.

Mobiliser le langage dans toutes ses dimensions, l'écrit

Les objectifs visés dans le domaine de l'écrire/lire prendront appui essentiellement sur :

- **l'écriture de traces :** à destination du carnet de suivi des apprentissages ou simplement traces mémoire de la séance (ces traces, individuelles ou collectives, seront « relues » tout au long de l'année) ;
- **la connaissance d'un type d'écrit particulier :** la règle de jeu (à lire ou à écrire[20]).

Le document d'accompagnement des programmes (2011)[21] apporte quelques pistes complémentaires toujours d'actualité :

LIRE	ÉCRIRE
• Règles de certains jeux. • Plan et messages d'un jeu de piste dans l'école ou dans son environnement immédiat.	• Liste des vêtements ou/et matériel nécessaires pour une activité peu habituelle. • Message aux parents pour informer d'un cycle d'activités particulier. • Textes, légendes, etc. pour album personnel ou de classe (suivi de certaines séquences inhabituelles : piscine, patinoire, etc.). • Messages pour un jeu de piste. • Réalisation d'un imagier (ou d'un abécédaire) des actions mises en œuvre en éducation physique, du matériel spécifique utilisé…

La place du langage en éducation physique

Le langage va être en jeu tout au long du module, mais particulièrement hors de la séance d'éducation physique.

Nous prenons soin en effet de rappeler que :

- il est nécessaire de laisser un temps suffisant d'action : pendant la séance (30 à 40 min quotidiennes), les enfants agissent plus qu'ils ne parlent (les séances en éducation physique privilégient l'action) ;
- pendant la séance d'éducation physique, les attendus visés sont d'ordre moteur, même s'ils impliquent l'enfant dans sa totalité (ressources affectives, cognitives, motrices, relationnelles) ;
- c'est en classe (avant et/ou après la séance dans la salle dédiée ; à d'autres moments dans le cadre d'activités conduites en petits groupes – approche intégrée et moments structurés, comme le précisent les documents ressources 2015) que vont être organisées les séances langagières (les situations vont offrir aux enfants des situations authentiques de communication et d'échanges) ;
- durant le module d'éducation physique, l'enseignant va se centrer sur un objectif langagier et un seul (en fonction des apprentissages déjà effectués et de ce que les enfants de la classe connaissent déjà, le ***déjà-là****), mais il devra veiller à ce qu'il soit réellement mis en jeu (par exemple, dans le module 7 « Jeu collectif », l'enseignant peut privilégier la verbalisation des stratégies pour réussir ; dans le module 2 « Gymnastique : rouler et se renverser », la description du parcours ; dans le module 4 « Jeux d'orientation », la construction du vocabulaire du positionnement…).

Les enfants vont ainsi construire des compétences langagières orales au niveau de trois registres de travail : **la production** (chaque enfant est mis en situation de prendre la parole, de s'exprimer, de parler), **la réception** (les enfants sont mis en situation de comprendre, cela mobilise des capacités d'écoute) et **les interactions** (les enfants vont apprendre à communiquer, à échanger entre eux, en prenant en compte ce qui vient d'être dit, en respectant les règles de communication ; les interactions font partie intégrante du processus d'apprentissage).

Ils vont utiliser le langage *sur* et *pour* l'action et cheminer du langage en situation (langage qui est inscrit dans un temps et dans un lieu, langage de l'action, langage de l'ici et maintenant, qui comporte donc beaucoup d'implicite, mais qui n'est pas construit par tous les enfants en PS) vers le langage décontextualisé (ce qui est attendu à l'école est un « oral scriptural » selon la terminologie de Bernard Lahire [22], c'est-à-dire un oral très proche de l'écrit, un oral construit, précis, compréhensible par quelqu'un qui n'a pas assisté à la séance, qui n'a pas vécu ce dont on parle, donc compréhensible hors contexte, langage qui continue à se construire en cycle 2).

Il s'agira donc pour les enfants :

- **Avant la séance**, de verbaliser pour se remémorer avec ou sans support (photos, vidéos…) les séances précédentes et pour agir : le but, les critères de réalisation, le déjà réalisé, le dispositif, les règles d'action…

Dans le module 4, l'enseignante explique en classe le but du jeu d'orientation.

- **Pendant la séance**, d'identifier et de nommer (avec un étayage plus ou moins important du maitre qui commente, selon l'âge) les actions en lien avec le but et les critères définis, le matériel, les activités / comprendre les consignes / utiliser et réinvestir un vocabulaire adapté / exprimer des émotions, son ressenti / dire ce que l'on fait ou ce que font les camarades.

  Remarque : *Durant ce moment, c'est surtout l'enseignant qui va expliciter, commenter les actions, utiliser le vocabulaire que les enfants devront s'approprier, rappeler si nécessaire les règles / but / critères de réussite (les enfants seront plus dans le registre de la réception que dans celui de la production).*

Exemple de mise en commun lors du module 2 de gymnastique pour partager des procédures.

- **Après la séance**, de rappeler ce qu'on a fait et ce qu'on a appris / dire ce qu'on a fait pour réussir / dire ses progrès, ses difficultés, ses réussites / dire pour se projeter dans des séances futures / dire pour faire évoluer les règles / commenter / échanger avec les autres.

---

20. Le lire : la compréhension se fait à partir de la lecture oralisée du maitre. Il s'agit de comprendre un type d'écrit spécifique : l'écrit fonctionnel ou d'usage (les autres types d'écrits sont les écrits documentaires et les écrits littéraires).
L'écrire : il sera réalisé au moyen du dispositif de la dictée à l'adulte (toujours dans une situation authentique, qui a du sens : écrire à destination d'une autre classe, pour un enfant absent…).

21. MEN, *Le langage à l'école maternelle*, SCEREN, 2011, p. 64.

22. Ressources maternelle – La scolarisation des enfants de moins de trois ans – Du langage oral au langage écrit (p. 38) http://cache.media.eduscol.education.fr/file/Moins_de_3_ans/46/7/Ress_c1_Moins3ans_Langage_456467.pdf Site consulté en juillet 2018

Le tableau suivant récapitule les compétences langagières en jeu lors de la mise en œuvre d'un module d'apprentissage en éducation physique.

Phase d'enrôlement	Phase de recherche, de manipulation	Phase de bilan, de mise en commun	Phase d'institutionnalisation des savoirs, de structuration des savoirs	Phase d'entrainement	Phase de transfert
• Rappeler la situation problème, l'enjeu… • Dire ce qu'il va falloir faire, les critères de réussite, rappeler les règles d'action. • Écouter et chercher à comprendre.	**Langage en situation :** • Nommer les actions, les objets… • Verbaliser les erreurs. • Comprendre les consignes. • Écouter pour faire. • Dire ce qu'on fait.	• Dire ses réussites, ses difficultés. • Dire ce qu'on a aimé. • Échanger avec les autres et développer des compétences communicationnelles (prise de parole, respect des tours de parole et prise en compte des propos de l'autre). • Rendre compte de ses observations. • Dire ce qu'on a fait, ce qu'a fait un copain. • Exprimer des émotions, son ressenti, ses craintes. • Apprécier, donner un avis, dire ses préférences. • Utiliser à bon escient un vocabulaire adapté.	**Langage décontextualisé :** • Dire ce qu'il faut faire pour réussir. • Expliciter comment il faut faire pour réussir. • Dire ce qu'on a appris.	• Dire ce qu'on a appris. • Utiliser un vocabulaire adapté. • Développer des compétences discursives (raconter, décrire, expliquer, informer, argumenter, justifier).	• Expliquer ce qu'il faut faire à l'ATSEM, à un absent, aux parents, à un autre enseignant. • Utiliser à bon escient dans un autre contexte le vocabulaire appris. • Parler à partir de photos, de vidéos, de maquettes.

Pourquoi et comment placer les élèves en réussite dès la première séance ?

Qu'est-ce que réussir ?

Selon V. Bouysse[23], c'est « aller au bout d'une intention, d'un projet voire de la réponse à une consigne, et de manière satisfaisante ».

Il est communément spécifié que la réussite est une somme de progrès. **Réussites et progrès sont des indicateurs importants pour favoriser l'estime de soi.** Il est donc indispensable de placer les enfants en situation de réussite à l'école maternelle pour développer la confiance en soi et la motivation. Ce sont des leviers pour apprendre. N'oublions pas non plus que réussir va aussi encourager l'enfant à recommencer tout seul.

Comment placer les enfants en situation de réussite ?

L'enseignant doit donc permettre à chaque enfant de réussir, le plus tôt possible et de plus en plus souvent. Pour ce faire, il doit apporter ***l'étayage**** nécessaire afin que chacun puisse aller au bout d'une intention, avoir le plaisir de réussir et de répéter, étant entendu qu'il n'a aucun doute sur les progrès que peuvent réaliser ses jeunes élèves.

Il doit valoriser « les petits pas ». C'est bien en effet à partir de nos réussites que nous pouvons encore mieux réussir et ainsi apprendre. L'enseignant devra toujours identifier (interpréter) ce que l'élève sait faire,

23. V. Bouysse, conférence : La refondation de l'école maternelle : continuités et changements, 2013, site consulté en juillet 2018 http://www.crdp-lyon.fr/podcast/conference-refondation-ecole-maternelle.html

réussit à faire, avant de signifier les points à améliorer. **L'enseignant fera ainsi en sorte qu'à la fin de chaque séance d'éducation physique, l'enfant puisse verbaliser au moins une réussite.**

Par exemple, pour le module 2 (Rouler et glisser) : « *Tu as vu, j'ai réussi à passer entre les plots, maintenant je vais m'entrainer pour réussir à m'arrêter juste entre les deux plots* » ou pour le module 7 « Jeux d'orientation » : « *Tu m'as dit que ma photo, se trouvait à côté de la classe des grands et j'ai réussi à trouver tout seul la gommette.* »

Bien entendu, cela ne veut pas dire que les activités doivent être rendues « lisses » ou en dessous de la Zone Proximale d'Apprentissage[24] car l'erreur est source d'apprentissage !

Nous rappelons que, selon Brigaudiot (2015, p. 31), la « Zone Proximale d'Apprentissage ou ZPA » est l'« espace de travail que le maitre va prendre en compte pour enseigner » (cette définition fait référence à la « Zone Proximale de Développement » définie par Vygotski et qui est constituée par ce que l'enfant peut réussir avec de l'aide).

L'enseignant doit aussi permettre à chacun de retrouver ou de tisser des liens avec ce qu'il connait déjà (*le déjà-là*), cela est rassurant et permet de s'engager sereinement dans les apprentissages.

Par exemple, dans le module 7 qui propose comme situation de référence le jeu de l'horloge, l'enseignant peut, dès les premiers essais, valoriser le fait que les enfants savent déjà courir vite. Le lien avec le module 5 de course rapide proposé en amont (la même année ou une année antérieure) peut être fait, ce qui valorise les enfants et permet de cibler les nouveaux apprentissages visés, ici centrés sur la coopération par la passe de la balle.

L'enseignant devra aussi laisser une place à la répétition. Quelle satisfaction de pouvoir faire et refaire la même tâche et la réussir de mieux en mieux.

Par exemple dans le module 2 « Gymnastique : rouler et se renverser », les enfants en phase d'exploration répètent de nombreuses fois la même action (rouler en tonneau) parfois, sans changer d'atelier.

De même, durant la phase d'apprentissage de la roulade, avant ou arrière avec aide de l'enseignant, de nombreux enfants recommencent immédiatement la même action aussi, sans s'intéresser aux autres ateliers proposés.

L'enseignant doit favoriser l'autodétermination, c'est-à-dire laisser aux enfants la possibilité de choisir. L'organisation libre – les enfants vont où ils veulent, peuvent changer d'atelier à tout moment – est ainsi importante à un moment donné, pour identifier les préoccupations, besoins et envies de chacun. Les ateliers tournants sont limités, même s'ils peuvent avoir d'autres avantages (voir ci-dessous).

Pour conclure, nous reprenons ce propos de B. Golse, cité par V. Bouysse[25] : « Les enfants ont besoin de réussir sous le regard d'un adulte qui témoigne de cette réussite. »

Dans le module 3 « Lancer et viser », dans la phase 2, l'organisation n'est pas libre : les enfants sont incités à effectuer toutes les tâches proposées et à passer sur tous les ateliers afin d'apprendre à lancer haut et à mieux viser.

24. M. Brigaudiot, *Langage et école maternelle*, Hatier, 2015.

25. B. Golse cité par V. Bouysse dans une conférence consacrée aux moins de trois ans, Strasbourg, 2015.

Comment permettre aux élèves d'identifier leurs réussites et leurs progrès ?

Pour répondre à cette question, il s'agit de définir comment, pourquoi et à quel moment impliquer les enfants dans l'identification de leurs réussites et de leurs progrès, c'est-à-dire comment et à quel moment les impliquer dans l'évaluation.

Selon V. Bouysse (2015)[26] : « L'enfant est impliqué dans l'évaluation parce qu'il est impliqué dans l'apprentissage et il est impliqué dans l'apprentissage parce qu'il est impliqué dans l'évaluation. »

Rendre les apprentissages visés explicites

Cela va être rendu possible, déjà, en rendant explicites les apprentissages visés lors de la mise en œuvre des séances, avant la mise en activité. Les enfants doivent connaitre ce qui est attendu d'eux.

Par exemple, pour le module 4 « Jeux d'orientation » :

Je vais vous proposer différents jeux pendant plusieurs séances, ces jeux vont vous permettre d'apprendre à vous repérer dans la cour de récréation.

Pour le module 3 « Lancer et viser » :

Vous allez apprendre à lancer des objets différents, de différentes formes et de différentes tailles et vous allez apprendre à viser des cibles.

Pour le module 1 « Rouler et glisser : promenons-nous en roulant » :

Vous allez apprendre à vous déplacer avec les engins roulants de l'école et à vous équilibrer.

Les critères de réussite (« *J'aurais réussi si j'arrive sur les fesses à la fin de la roulade* ») et de réalisation (repères pour progresser : « *Pour rouler droit, je dois poser l'arrière de ma tête sur le tapis et pousser sur mes deux jambes en même temps* ») seront aussi verbalisés régulièrement.

Verbaliser les réussites

L'enseignant devra aussi, pendant l'activité, verbaliser les réussites in situ.

Par exemple : Oh, Lucie a réussi à lancer son sac de graines sur la bande la plus éloignée du tapis, bravo !

Ainsi, il renvoie aux enfants le reflet de ce qu'ils savent faire, les « ***exploits**** » (Brigaudiot, 2014)[27], ce qui renforce l'estime de soi. Plus l'enfant va être valorisé, plus il va reproduire ce qu'il vient de faire et donc plus il va apprendre. À cet effet, toutes les pratiques des enseignants ne se valent pas, Brigaudiot (2015)[28] liste d'ailleurs les « ingrédients » favorables au fonctionnement de la classe : **l'équité, l'empathie et la vitalité**.

Impliquer les enfants dans leur évaluation

Pour ce faire, deux moyens sont envisagés (Bouysse, 2017)[29] :

Via le carnet de suivi des apprentissages

Après l'activité, l'enseignant va utiliser un outil important, le carnet de suivi des apprentissages, qui permet aux enfants de se représenter le chemin parcouru et le chemin à parcourir, les progrès et les réussites, les étapes franchies et les étapes qui restent à franchir, au travers des traces signifiantes pour chacun et qui sont mutualisées avec l'ensemble de la classe. Il sera donc nécessaire de renseigner ce carnet avec l'enfant et de le consulter régulièrement, en situation individuelle ou en petit groupe. Les enfants pourront ainsi se remémorer les situations vécues (consignes et attendus visés) et identifier leur cheminement sur une période donnée (par exemple, au début et à la fin d'un module, de septembre à décembre d'une même année scolaire ou de la PS à la MS). Ils seront ainsi amenés à verbaliser ce qu'ils ont fait, en lien avec ce qu'ils ont

26. Intervention : Évaluation positive à l'école maternelle, Nimes, 2015, site consulté en juillet 2018 https://mediacenter.ac-montpellier.fr/videos/MEDIA160122163735521/multimedia/MEDIA160122163735521.mp4

27. M. Brigaudiot, *Apprentissages progressifs de l'écrit à l'école maternelle*, Hachette Education, 2014.

28. M. Brigaudiot, *Langage et école maternelle*, Hatier, 2015.

29. Conférence « École maternelle et évaluation positive ». ESENESR, journée école maternelle, 8 mars 2017.

appris. Vous trouverez à la fin de chaque module deux exemples de traces intitulées « Ce que nous avons appris en éducation physique », qui pourraient être insérées dans le carnet de suivi des enfants.

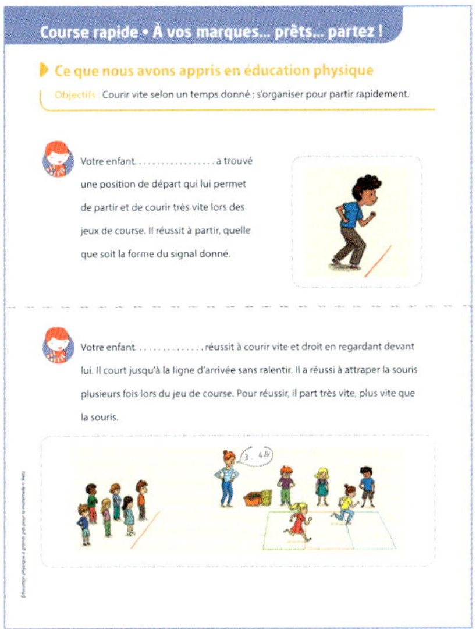

Course rapide • À vos marques... prêts... partez !

Ce que nous avons appris en éducation physique

Objectifs : Courir vite selon un temps donné ; s'organiser pour partir rapidement.

Votre enfant.................. a trouvé une position de départ qui lui permet de partir et de courir très vite lors des jeux de course. Il réussit à partir, quelle que soit la forme du signal donné.

Votre enfant............... réussit à courir vite et droit en regardant devant lui. Il court jusqu'à la ligne d'arrivée sans ralentir. Il a réussi à attraper la souris plusieurs fois lors du jeu de course. Pour réussir, il part très vite, plus vite que la souris.

Exemple de trace pour le module 5.

Via les « pauses méthodologiques d'élucidation dans le parcours »

Ces « pauses méthodologiques d'élucidation dans le parcours » permettent à l'enfant de mettre l'agir à distance, de se questionner et de comprendre pourquoi il a réussi, pourquoi il n'a pas complètement réussi, pourquoi il n'a pas encore réussi même s'il sait déjà faire ceci ou cela, pourquoi l'autre a réussi, comment il pourrait faire pour réussir, **de mettre en lien procédures et réussite, donc de s'autoévaluer.** Voilà un autre moyen pour lui d'identifier ses réussites et ses progrès. Selon Brigaudiot (2015, *op.cit.*), « pour traiter du " pas encore là ", un enfant le rapproche de son " ***déjà-là**** ". Il fait des liens, intellectuellement. C'est du langage. L'étayage de l'adulte consiste à lui montrer que ce qu'il fait est bien et à lui donner un nouvel élément de réponse : le problème est alors résolu à deux, et à un moment, l'enfant le fera tout seul. C'est ce qu'on appelle " apprendre ". »

Les bilans de séance avec cette dimension métacognitive (après l'activité), seront donc de ce point de vue très importants. Ils permettront de confronter ce qui a été réalisé avec les consignes formulées.

Par exemple, dans le module 6 « Danse », quand l'enseignant demande : Est-ce que les statues que vos camarades ont réalisées ressemblent à la statue de Giacometti ? en s'appuyant sur des traces (photos, vidéos ...), il aide les enfants à formuler ce qui a été fait et ce qui a été appris, leur fait prendre conscience des progrès, commence à analyser les réussites et les erreurs.

Mettre en place des situations spécifiques d'évaluation

En plus de l'observation spontanée, l'enseignant peut mettre en place des situations spécifiques d'évaluation au cours desquelles l'enfant va donner à voir ce qu'il est capable de faire (évaluations communes à tous).

Par exemple, lors du module 6 de course rapide :

Aujourd'hui, je vais regarder ce que vous savez faire lors du départ ; je vais regarder comment vous faites pour partir vite ; c'est pour mieux vous aider ou, dans le cadre de tâches différentes données dans les ateliers, il s'agira de montrer ce qu'il a réussi de mieux au cours de la séance.

Par exemple, lors des ateliers du module 3 « Lancer et viser », l'enseignant peut signifier à un enfant :

Bravo, aujourd'hui tu as réussi à lancer le gros ballon par-dessus le fil ! Et plusieurs fois de suite. Rappelle-toi comme c'était difficile au début !

L'enfant peut être aussi en mesure, au cours de la scolarité à l'école maternelle, plutôt en fin de MS et en GS de verbaliser à quel moment il veut être évalué : « Regarde, maintenant j'arrive à attraper le ballon à chaque fois que Jérémie me le lance ! »

Ainsi, cela permettrait à chacun de prendre conscience de ses réussites et de ses progrès, d'avoir confiance en soi et, *in fine*, d'apprendre.

Les spécificités des enfants de moins de trois ans en éducation physique

Le développement sensoriel et moteur des moins de trois ans

Au niveau de son développement sensoriel et moteur, l'enfant de 2-3 ans qui arrive à l'école maternelle, est capable de : « marcher seul ; monter et descendre des escaliers ; descendre des escaliers à reculons ; montrer une préférence pour une main (même si la latéralisation n'est pas encore construite) ; sauter à pieds joints ; courir avec aisance ; taper du pied dans un ballon ; faire du tricycle ; jeter, lancer des objets [30] ». Il faut cependant souligner que les expériences motrices de chaque enfant sont singulières et en lien avec les stimulations proposées par l'environnement familial. En effet, par exemple, des différences peuvent être observées dans la façon de courir (certains courent avec aisance, d'autres doivent se rééquilibrer continuellement avec leurs bras et ne courent pas droit), dans la façon de descendre des escaliers à reculons (certains s'appuient sur les marches du haut avec les mains), dans la façon de sauter (on observe parfois un petit décalage entre les pieds à la réception), dans les activités de lancer/réception d'objets, dans la prise de risques…

Nous souhaitons donc souligner l'hétérogénéité des enfants qui arrivent à l'école, hétérogénéité que l'enseignant doit prendre en compte, et l'importance de la scolarisation des tout-petits pour élargir, étoffer les compétences motrices.

Un aménagement de l'espace et du temps adapté aux besoins des tout-petits

Quels sont les besoins des 2-3 ans ?

- Des besoins physiologiques (repos, propreté, besoins alimentaires).
- Des besoins moteurs (agir, se dépenser, bouger).
- Des besoins de sécurité (être rassuré, agir avec une certaine ritualisation).
- Des besoins sociaux spécifiques (veiller à ne pas proposer des activités collectives de façon prématurée car les enfants sont en train de se construire en tant que sujet).
- Des besoins de jouer (les situations proposées vont privilégier cette modalité d'apprentissage).
- Des besoins de communication.
- Des besoins de reconnaissance, des besoins d'estime de soi.
- Des besoins de découvertes et de connaissances.

« Ils ont besoin de désordonner leur monde pour comprendre comment il s'ordonne.[31] »

Comment répondre aux besoins moteurs des 2-3 ans ?

Les activités envisagées, les sollicitations proposées, l'aménagement de l'espace, la gestion du temps sont organisés en fonction des besoins de ces jeunes enfants Pour répondre aux besoins moteurs, il est nécessaire :

- d'aménager l'espace classe pour favoriser l'action motrice, les déplacements, les déambulations (limiter le nombre de tables pour faciliter mouvement et cheminement / installer de petites structures à grimper / autoriser les déplacements dans la classe avec des engins roulants comme des porteurs rangés au coin garage, avec des landaus, des poussettes stockés au coin poupées, en laissant les enfants à tout moment agir à leur guise avec ce matériel) ;
- de proposer dans l'emploi du temps un moment d'éducation physique quotidien, d'une trentaine de minutes, le plus tôt possible dans la matinée ;

30. Site EDUSCOL d'après A. Florin, *Introduction à la psychologie du développement. Enfance et adolescence*, Paris, Dunod, « Les Topos », 2003.
31. B. Golse cité par V. Bouysse dans une conférence consacrée aux moins de trois ans, Strasbourg, 2015.

- d'utiliser et tirer parti de tous les lieux à disposition (la classe, le couloir, le dortoir, la cour de récréation, le jardin, le gymnase de l'école élémentaire) qui offrent l'occasion d'élargir les expériences motrices ;
- de proposer des situations très ouvertes permettant à chacun d'utiliser ses propres procédures et de les faire évoluer : le choix du matériel sera très important car il induira les conduites des enfants. Par exemple, dans la vidéo proposée sur le DVD « Éducation physique avec les moins de trois ans », l'enseignant a disposé, le matin, du matériel sous forme de parcours (banc, tapis, trampoline, toboggan, etc.) mais n'a donné aucune consigne verbale. Chacun explore le matériel et répète à sa guise.

Agir librement dans un espace riche et sécurisé

Vidéo : 1 à 59 s

L'éducation physique pour les tout-petits

Vidéo « Éducation physique avec les moins de trois ans »

En éducation physique, l'enseignant doit proposer des tâches diversifiées dans un environnement riche et adapté pour permettre à chaque enfant d'oser entrer en action et d'agir en sécurité.

Le lieu

Varier les espaces (la classe, la cour, le parc proche de l'école, le préau ou le gymnase des grands de l'école élémentaire) et varier les milieux d'action (sable, herbe, bitume, linoléum).

Dans la vidéo, la situation se déroule dans un espace qui sert de dortoir l'après-midi.

Le matériel

Proposer du gros matériel (dans la situation proposée : des tapis, bancs, blocs de mousse…), du matériel pour manipuler (dans la situation proposée : des sacs de graines, des balles), mais aussi du matériel lié à des pratiques sociales identifiées (des quilles, par exemple).

Les modules

Les modules adaptés aux tout-petits sont :

– Des situations de locomotion avec ou sans obstacles matériels, motricité au sol ou aérienne (courir, sauter, rebondir, se déplacer, grimper, escalader, se trainer par terre…).

▸ L'enfant agit et déplace son propre corps.

– Des situations d'exploration, d'utilisation et d'appropriation d'objets et de matériels divers (chaises, tables, bancs… / ballons, cerceaux, cordes, cartons, tissus… / vélos, patinettes, tricycles… / lancer, tirer, pousser…).

▸ L'enfant agit sur des objets, cherche à créer, reproduire des effets (voir module 1 « Se promener en roulant »).

– Des situations expressives (danser) ou collectives (rondes, promenades ou jeux par deux).

▸ L'enfant agit pour les autres ou en s'adaptant aux autres.

Le déroulement des séances

Des moments de « découverte » portés uniquement par la sollicitation du matériel.

Ces moments constituent la majorité des moments consacrés à l'EPS pour les moins de trois ans. L'enfant de moins de trois ans apprend, en effet, par essais et erreurs, en tâtonnant, en expérimentant, en s'auto-adaptant. Il va observer, imiter les autres sous le regard bienveillant et encourageant de l'adulte. Il va répéter et prendre plaisir à répéter, les mêmes actions motrices. Le même matériel est donc proposé plusieurs séances de suite.

Il est fondamental de laisser du temps aux enfants pour agir, découvrir, expérimenter, tenter, explorer, observer, faire et refaire, recommencer à l'identique, comprendre.

Des moments « guidés », structurés par une consigne de l'enseignant.

Dans ce cas, une tâche spécifique est demandée, sur un temps court ou à un atelier, pour imiter une action motrice repérée par l'enseignant ou amener à dépasser un problème rencontré pendant les moments d'exploration.

Par exemple, après avoir observé qu'un enfant se déplace en rampant sur le banc, l'enseignant va solliciter ses camarades en valorisant cette procédure.

Proposer du matériel pour susciter d'autres réponses

Vidéo : 1 min à 2 min

Le rôle de l'enseignant

Vous noterez sur la vidéo que l'enseignant confronte le groupe classe à un environnement et des tâches très ouverts, observe les élèves, offre un étayage adapté (ni trop, ni trop peu) afin que chacun soit en situation d'oser agir, de réussir, de prendre du plaisir, de découvrir et repousser ses limites, de rechercher et d'explorer les possibles.

Ainsi, il permet à chacun d'apprendre et :
- d'agir librement dans un espace riche et sécurisé ;
- d'élargir son répertoire moteur ;
- de vivre des expériences sensorielles nouvelles ;
- d'agir en sécurité, en étant accompagné et stimulé (notamment ceux qui en ont le plus besoin).

Accompagner ceux qui en ont le plus besoin

Vivre des expériences sensorielles nouvelles

Vidéo : 2 min à la fin

Les traces de l'activité

Les réussites et les progrès seront consignés dans le carnet de suivi des apprentissages qu'il sera important de consulter régulièrement avec les enfants, pour valoriser la construction des apprentissages, pour renforcer la confiance en soi et favoriser les remémorations. Ce carnet sera commenté avec les familles.

Des photos, prises par l'enseignant pendant les séances, pourront être mises à disposition dans des albums organisés, rangés dans l'espace bibliothèque, et en libre accès. Ces albums faciliteront les remémorations, constitueront des supports authentiques d'expression et d'échange, favorables à la construction des compétences langagières orales, et seront un support de communication fructueux avec les parents.

Glossaire

Dans les modules, les mots du glossaire sont indiqués par une étoile.

Adaptabilité motrice

C'est la capacité de tout pratiquant (dans une situation motrice) à s'adapter à son environnement matériel, humain, afin d'être le plus efficace possible. Ce concept renvoie au transfert d'apprentissage, c'est-à-dire à « l'effet que l'on constate quand l'exécution d'une activité modifie de façon positive ou négative, l'accomplissement d'une activité nouvelle ou la reproduction d'une ancienne ».[1]

Par exemple, dans le module 3 (Lancer et viser), les situations proposées sont variées (taille, forme et poids des objets, cibles, distance), ce qui permet aux élèves de s'adapter à chaque fois aux contraintes proposées. La finalité n'est pas que l'élève soit « performant » au lancer de balles dans un carton posé à x mètres, mais qu'il sache adapter son mouvement, sa force, son amplitude et la direction du mouvement aux contraintes.

Agressivité motrice

L'agressivité motrice est identifiable dans des situations d'opposition. Luc Collard[2] fait la distinction entre l'agressivité motrice illicite (interdite par les règles du jeu, nuisant à l'adversaire : par exemple, arracher un objet des mains d'un autre enfant) et licite (instrumentale, autorisée par le règlement et orientée vers le but du jeu : par exemple, dans le jeu des éperviers déménageurs, empêcher un adversaire de traverser le terrain en le bloquant). Dans cet ouvrage, nous ne proposons pas de situations d'opposition et privilégions les pratiques de coopération.

Automatisme

Dans le champ de l'activité motrice, un automatisme est un mouvement réalisé sans recours à l'attention, c'est-à-dire sans vraiment y penser. Le mouvement automatisé permet alors de centrer son attention sur autre chose. Ainsi, quand l'enfant apprend à réaliser une nouvelle coordination (par exemple pédaler sur un vélo sans roulettes et maintenir son équilibre), il va doucement et a besoin de toute son attention. Quand cette coordination est apprise, il n'y pense plus et peut ainsi pédaler et suivre un parcours ou un copain, se baisser pour passer sous une barre, etc.

Chorégraphie

Une chorégraphie est une création dansée sur scène, qui demande pour le chorégraphe une capacité d'imagination et de traduction de ses idées en mouvements. Étymologiquement, chorégraphie désigne l'écriture de la danse à l'aide de signes symboliques ou de croquis[3].

Dans le module 4 sur la danse, l'enseignant crée une chorégraphie à partir d'œuvres artistiques avec l'ensemble des élèves. Celle-ci sera présentée en fin de module à la classe voisine.

Contre-haut/contre-bas

En gymnastique notamment, les contre-haut et contre-bas sont utilisés pour aider les élèves à accomplir certaines actions ou à développer leurs ressources. Il s'agit de matériel (en mousse ou autre) qui permet de partir plus haut pour donner de la vitesse (voir module 2, atelier 1 p. 58) ou partir plus bas pour développer la poussée des jambes (parcours 2, p. 63).

Coopérer

Coopérer dans le champ de l'action motrice c'est interagir avec des partenaires pour atteindre un but commun. L'interaction est avant tout motrice, et verbale éventuellement. Par exemple : danser ensemble, se suivre à vélo pour réaliser un parcours, réaliser par deux un parcours d'orientation, se faire des passes le plus vite possible au jeu de l'horloge.

Déjà-là

C'est l'ensemble des savoirs et savoir-faire sur lesquels l'enseignant s'appuie pour concevoir et animer les situations d'apprentissage.

Élément remarquable

Dans les activités d'orientation, un élément remarquable est un repère concret sur lequel le pratiquant va s'appuyer afin de définir le chemin à emprunter ou l'emplacement d'une balise. Il s'agit d'un élément stable dans l'environnement, facilement identifiable ; au cycle 1, voici des exemples d'éléments remarquables dans la cour de récréation : banc, porte, portail, arbre, jeux, etc.

Étayage

En référence à Bruner[4], il s'agit de la façon dont les adultes, donc les enseignants, « organisent le monde pour l'enfant dans le but d'assurer sa réussite dans l'apprentissage des concepts ».

L'enseignant, grâce à son aide, permet ainsi à l'enfant de résoudre un problème qu'il ne pourrait pas résoudre seul. Qui dit étayage dit obligatoirement *désétayage* : il est nécessaire de permettre à l'enfant, à un moment, de réussir sans l'aide de l'adulte, l'aide apportée est donc provisoire.

Exploit

Selon Brigaudiot[5], un exploit chez l'enfant est « une action remarquable dépassant ses propres limites à un certain moment de son propre développement » et « qui mérite un " Bravo " en tant que marque langagière d'approbation, de félicitation et d'encouragement ».

« En valorisant les " exploits " individuels, en félicitant le groupe pour ses conquêtes, il [le maitre] aide chacun au travers de nombreux tâtonnements à construire une plus grande estime de lui-même, à prendre confiance en lui et à désirer repousser ses limites. »[6]

Par exemple, en éducation physique l'enseignant sera attentif à toutes les réussites mais surtout aux premières : la première fois qu'un élève ose rouler en avant avec l'enseignant, ensuite, la première fois qu'il roulera seul, puis sans plan incliné, etc. Ces réussites, qui marquent des progrès lui seront signifiées : « Bravo Julie ! C'est ta première roulade avant, c'est très bien ! » Les encouragements incitent l'enfant à recommencer et à persévérer.

Inducteur

L'inducteur est un élément déclencheur, un élément de départ, un stimulus qui sollicite l'imaginaire et permet à chaque enfant d'explorer, d'entrer en danse.

L'inducteur permet d'entrer dans la démarche de création et va orienter toute la construction chorégraphique pour y donner du sens (par exemple on va danser sur le thème du printemps, ou d'après les œuvres d'un artiste, ou à partir du poème *Fourmi* de Eugène de Guillevic, du récit *Petite tâche* de Lionel Le Néouanic) mais il peut aussi être utilisé ponctuellement pour un travail spécifique (par exemple utiliser des foulards pour développer des mouvements fluides ; danser alternativement comme un humain ou un robot pour découvrir différentes énergies par contraste ; proposer des musiques au rythme varié pour danser plus ou moins vite et concentrer l'attention des élèves sur la musique).

Intelligence motrice

Capacité à utiliser son corps de façon pertinente en fonction de la situation.[10]

En éducation physique, l'intelligence motrice est développée quand on incite l'élève à faire des choix en fonction de contraintes. Par exemple, lors des parcours à réaliser avec un engin roulant, l'élève peut choisir son engin en fonction du parcours proposé et en changer si cela ne lui convient pas. Il va aussi apprendre peu à peu à contrôler sa vitesse en fonction des virages, pentes, obstacles et ainsi mieux gérer son équilibre.

Intelligence sensible

« Intelligent, nous vient de la racine latine de *intelligens* (*intelligere*, *inter-legere* : discerner, démêler, comprendre), d'où intelligence. »[7]

Pour mémoire, « le sens premier du mot intelligence est créer des liens (*in-telligo* : relier, nouer ensemble) »[8].

« **Développer l'intelligence sensible est un enjeu primordial à l'école maternelle.** Dans sa rencontre avec le monde, l'enfant est tout entier tourné vers les sensations, en particulier les sensations tactiles, visuelles, auditives, mais aussi gravitaires, kinesthésiques. Il apprend en touchant, en regardant, en écoutant, en goutant, en sentant et en ressentant les effets du mouvement et des déséquilibres. Donner une véritable place aux sensations, en les vivant, en les nommant et en les organisant dans un projet de création va permettre aux élèves de développer cette intelligence sensible qui est une porte ouverte sur d'autres formes d'intelligence. »[9]

Logique interne

Parlebas aborde la notion de logique interne dès 1967. Pour lui, la logique interne est « le système des traits pertinents d'une situation motrice et les conséquences qu'il entraine dans l'accomplissement de l'action motrice correspondante ». Les traits pertinents, c'est-à-dire les caractéristiques essentielles d'une situation motrice, orientent ainsi largement les conduites. L'individu est libre d'agir mais dans une certaine limite.

Milieu incertain

Les situations motrices qui se déroulent en milieu incertain nécessitent une lecture fine du milieu, c'est-à-dire une prise d'information sur l'environnement et une prise de décision adaptée. Le milieu est incertain si l'élève ne sait pas exactement à quoi il va être confronté : par exemple, en orientation dans un milieu semi connu (un parc public bien délimité), l'élève doit observer précisément chaque recoin pour trouver l'endroit qui correspond à la photo qu'il a entre les mains. Le milieu incertain nécessite de s'adapter, de transférer ses capacités au nouvel environnement.

S'opposer

C'est interagir avec un adversaire, pour s'opposer à lui, gagner. L'interaction est avant tout motrice : par exemple, dissuader un adversaire d'avancer en jeu collectif pour l'empêcher de marquer ou le retarder.

Opposition différée, directe ou indirecte

Dans les jeux, quand le pratiquant s'oppose à des adversaires, l'opposition peut être directe ou indirecte, voire différée.

Si l'opposition est **directe** il doit s'adapter dans l'immédiat aux actions de son adversaire (par exemple, je suis poursuivi par le loup, j'adapte ma trajectoire et ma vitesse pour éviter qu'il m'attrape) et l'issue de l'affrontement est immédiatement connue (il m'attrape ou pas). Ce type d'opposition demande une prise d'information et de décision dans l'urgence.

Si l'opposition est **indirecte**, il n'y a pas d'interaction motrice entre mon adversaire et moi-même (par exemple je fais la course contre un adversaire ; je suis incité à courir vite, plus vite que lui, mais je ne peux pas l'empêcher d'avancer, ni le gêner, voir module 5).

L'opposition est **différée** si, dans un jeu collectif, chacun joue et on regarde le résultat après, comme dans le jeu de l'horloge (module 7) : on regarde à la fin qui a réussi à faire le plus de passes. Il n'y a pas d'interaction motrice entre les équipes.

Prise de risque

La prise de risque en éducation physique est subjective, jamais objective. L'élève doit pouvoir prendre le risque d'échouer, de ne pas y arriver, tout en étant sécurisé. Ce risque ne doit pas perdurer pour éviter que l'élève se démobilise (cela renvoie au décalage optimal qu'il doit y avoir entre les ressources du sujet et les contraintes posées par l'enseignant).

Par exemple au jeu de l'horloge (module 7), les élèves peuvent prendre le risque de se lancer la balle pour aller plus vite, au risque de la faire tomber et de perdre du temps ; en danse, ils peuvent prendre le risque d'imiter une statue plus complexe qu'une autre, sur un pied, au risque de se déséquilibrer, etc. Permettre aux élèves de prendre des risques est très important, cela permet de relativiser l'échec, encore faut-il que rapidement ils puissent réussir là où ils ont échoué.

Relations entre danseurs

En danse, les relations entre danseurs sont de deux ordres :

– les relations sans contact corporel : danser en miroir, en question / réponse (un danseur réalise des mouvements pendant qu'un autre est immobile et le regarde ; quand le premier s'immobilise, le second lui répond et ainsi de suite), en changeant de niveau (l'un danse au sol et l'autre debout avec des mouvements similaires), en décalé, à l'unisson, etc.

– les relations avec contact corporel : créer une posture immobile à plusieurs, se porter, manipuler son partenaire (marionnette), entrer dans l'espace intime de l'autre (passer dessous, se greffer à lui), etc.

Ressources relationnelles, informationnelles, décisionnelles, motrices

Les ressources représentent l'ensemble des moyens dont dispose un sujet pour réaliser une activité[11].

Le sujet dispose de ses propres ressources : biomécaniques (ex : coordination), informationnelles (ex : prise d'informations utiles et prise de décisions), affectives (prise de risques, relation aux autres), énergétiques (ex : effort soutenu, long, contrôlé) et sémiotrices (selon la classification de B. During). Il peut également s'appuyer sur des ressources extérieures à lui-même (des outils, un camarade, l'étayage de l'enseignant, etc.). La notion de ressources est intéressante pour identifier les capacités des élèves et les objectifs à atteindre pour progresser.

Situation autovalidante

La situation est dite autovalidante quand elle comporte tous les paramètres qui permettent à l'enfant d'identifier, sans l'aide de l'adulte et sans évaluation spécifique, s'il a atteint le but fixé, s'il a réussi ou non.

Par exemple dans le module 3 (Lancer et viser), toutes les situations sont autovalidantes car l'élève sait immédiatement s'il a réussi ou pas (le ballon est passé au-dessus du fil ou non) ; dans le parcours à vélo (module 1), il en est de même, le marquage au sol permet de se repérer et de savoir si on a roulé dans la mare ou non ; même chose en orientation, le fait de trouver la bonne gommette permet de savoir qu'on a réussi.

Situation ou pratique fermée / ouverte / semi-ouverte[12]

Une situation est **fermée** s'il n'y a qu'une seule réponse possible. Le but et les procédures sont définis. C'est le cas dans le module 6 de danse quand l'enseignant demande aux enfants de reproduire une posture sculptée par un artiste ; ou dans le module 5 de course rapide, quand les élèves doivent courir le plus vite possible avec une position de départ imposée.

Une situation est **ouverte** quand ni le but ni les procédures ne sont définis : il s'agit d'une situation de découverte, ; par exemple dans le module 1 « Rouler et glisser », quand les élèves peuvent prendre l'engin de leur choix et se promener librement dans la cour, changer d'engin, etc.

Une situation est **semi-ouverte** quand le but est défini mais pas les procédures : l'élève sait ce qu'il doit faire mais il doit trouver comment faire. Par exemple, dans le module 7 « Jeu de l'horloge », quand l'enseignant demande aux enfants de trouver comment faire pour lancer et rattraper le ballon lors de l'entrée en activité. Certains vont lancer et attendre 2 ou 3 rebonds, d'autres vont essayer d'attraper directement, d'autres vont lancer en avant, au-dessus d'eux, à différentes hauteurs, etc. Ce type de situation permet une exploration et ensuite un partage de procédures.

Situation de référence

Une situation de référence est une situation stable que l'enseignant va proposer tout au long d'un module. Elle permet d'évaluer les progrès et de signifier les réussites. Cette situation est représentative culturellement et doit conserver un caractère stable (ne pas changer tout le temps ni se complexifier, au risque de ne pas pouvoir identifier les progrès). Elle est proposée uniformément à tous les élèves, donc doit permettre à chacun d'atteindre le but demandé avec ses propres procédures.

Chaque module que nous avons proposé comporte une situation de référence présentée dès le début du module. Par exemple en course rapide (module 5), il s'agit de parcourir la plus grande distance possible en 4 secondes, position de départ au choix.

1. P. Parlebas & É. Dugas, « Le transfert d'apprentissage dans les activités physiques et sportives », *Carrefours de l'éducation*, 2005, 20(2), 27-43.
2. L. Collard, *Sport & agressivité*, Méolans-Revel, DésIris, 2004.
3. Encyclopædia Universalis.
4. J. Bruner, *Le développement de l'enfant*, « Savoir faire, savoir dire », PUF, 2011.
5. Site Progmaternelle, http://progmaternelle.free.fr/classe/texte7.pdf consulté le 11 février 2019
6. Ressources Eduscol : http://cache.media.eduscol.education.fr/file/Agir/44/1/Ress_c1_agir_creer-dynamique_456441.pdf
7. A. Scheler, *Dictionnaire d'étymologie Française*, Bruxelles, Paris, librairie de Firmin Didot, page 186, colonne I, 1862.
https://sites.google.com/site/etymologielatingrec/home/i/intelligence
8. Ressources EDUSCOL, p. 10
http://cache.media.eduscol.education.fr/file/Agir/44/1/Ress_c1_agir_creer-dynamique_456441.pdf
9. Ressources EDUSCOL , p. 15
http://cache.media.eduscol.education.fr/file/Agir/44/7/Ress_c1_agir_obj3_456447.pdf
10. É. Dugas et B. During, « Une forme d'intelligence originale à l'école : l'intelligence motrice », *Revue Hyper-EPS*, n°240, pp. 26-32, 2007.
11. B. During, *Énergie et conduites motrices*, INSEP diffusion, 1989.
12. J.-P. Famose, *Apprentissage moteur et difficulté de la tâche*, Insep Editions, 1990.

1 Rouler et glisser
Promenons-nous en roulant

Les activités « rouler et glisser » détaillées dans ce module consistent à se déplacer sur des engins roulants de plus en plus instables en s'adaptant à l'environnement tout en gérant des problèmes d'équilibre.

LES ACTIVITÉS « ROULER ET GLISSER »	
Ce qu'elles sont	**Ce qu'elles ne doivent pas être**
des pratiques organisées autour d'un parcours stable et d'un objectif spécifique	une succession de tâches, de jeux différents ou des tâches décontextualisées qui s'accumulent avant de pouvoir réaliser des parcours
un parcours principal stable et des séances/situations spécifiques pour progresser dans le parcours et identifier ses progrès	un parcours qui évolue sans cesse tout au long du module : le changement permanent ne permet pas d'identifier les progrès
un moyen pour permettre à l'enfant de développer son équilibre, de s'adapter aux trajectoires des autres	l'utilisation d'un seul engin
des pratiques qui permettent aux enfants de réussir en utilisant leurs propres procédures, sans qu'elles soient imposées par l'enseignant	des ***pratiques fermées**** où la réponse attendue est unique

Niveau de classe TPS - PS

Programme

- **Objectif :** adapter ses équilibres et ses déplacements à des environnements ou des contraintes variés.
- **Attendu :** ajuster et enchainer ses actions et déplacements en fonction d'obstacles à franchir ou de la trajectoire des objets sur lesquels agir.

Ce que les élèves vont apprendre durant ce module :

– Se propulser et adopter une posture permettant de s'équilibrer sur différents engins roulants.

– Décrire un parcours simple et utiliser à bon escient des verbes d'action.

Organisation En classe entière ou en demi-groupes.

Nombres de séances 9 séances de 30 minutes.

Matériel

- Trottinettes, draisiennes, tricycles, porteurs… engins variés que les enfants s'échangeront.
- Plots, cordelettes, craies.

Vidéo pour l'enseignant « Rouler et glisser : promenons-nous en roulant ».

Ce qu'il faut savoir

- Les parcours et tâches à réaliser sur des engins roulants sont intéressants dans la mesure où l'enfant construit progressivement son équilibre.
Il va apprendre, au cours du cycle 1, à faire du vélo, c'est-à-dire à parcourir une distance donnée sans aide à l'équilibre.
Pour parvenir à cet objectif, les séances de ce module doivent lui permettre de développer son équilibre, grâce à des expériences variées.
De façon générale, pour les engins sans aide équilibratrice (vélo sans roulettes, draisienne, trottinette), l'équilibre est facilité par la vitesse : plus je vais vite et droit, plus mon équilibre est préservé.
La plupart des engins proposés dans les écoles préservent l'équilibre vertical même à l'arrêt, comme le tricycle, les trottinettes à 3 roues, les trotteurs. Ils ne permettent pas de construire l'équilibre, ils sont donc plutôt utiles pour apprendre à conduire un engin en TPS ou PS.
- Dans la mesure du possible, il est préférable de proposer différents engins roulants. En effet, le fait que les enfants aient le choix de leur engin, au moins dans un premier temps, leur permettra de se familiariser avec celui qui leur convient.
Dans un second temps, il sera possible de cibler les engins selon les besoins des enfants, pour développer leurs ressources et susciter de nouvelles adaptations.
Le tableau ci-dessous récapitule pour chaque engin son utilité en termes de développement et le mode de propulsion nécessaire.

	Trottinette	Draisienne	Tricycle	Porteur	Vélo avec roulettes	Vélo sans roulettes
Propulsion	Pousser au sol d'une seule jambe	Pousser au sol des deux jambes	Pédaler	Pousser au sol avec les deux jambes	Pédaler	Pédaler
Ce que les élèves vont apprendre	S'équilibrer Se diriger	S'équilibrer Se diriger	Pédaler Se diriger	Se diriger	Pédaler Se diriger	S'équilibrer Pédaler Se diriger

Les élèves ne vont pas développer les mêmes ressources selon les engins choisis ; il faut donc veiller à ce qu'ils puissent à la fois explorer tous les engins puis, au cours du cycle 1, progresser sur les engins adaptés correspondant à leurs besoins.
Tant que les élèves n'ont pas assez exploré et ne se sont pas suffisamment entrainés avec les trottinettes et draisiennes, il sera difficile de leur proposer des vélos sans roulettes car ils seront confrontés à trop de problèmes d'un coup.
Les draisiennes et trottinettes permettent, notamment grâce à la roue libre, de se laisser aller avec la vitesse, d'avoir des sensations de glisse, de ne plus avoir besoin d'appui au sol pendant quelques secondes.
En revanche, passer directement d'un vélo avec roulettes ou tricycle à un vélo sans roulettes est très difficile car l'enfant n'a pas appris à s'équilibrer ; s'il ne sait pas s'équilibrer, il ne peut pas lever ses pieds du sol pour pédaler.
En TPS et PS, les enfants choisiront donc tout d'abord les engins qu'ils souhaitent, et ensuite il faudra veiller à ce que chacun puisse s'essayer à tous les engins, tantôt pour apprendre à pédaler, tantôt pour apprendre à pousser au sol et à s'équilibrer.

Le parcours de conduite, situation de référence du module

Le parcours comprend différentes actions à réaliser et il est faisable avec différents engins. Il peut à un moment donné être évolutif (on ajoute par exemple une ou deux actions) mais il devra être suffisamment stable pour pouvoir à la fois observer et évaluer les progrès des élèves.

Voici un exemple de parcours :

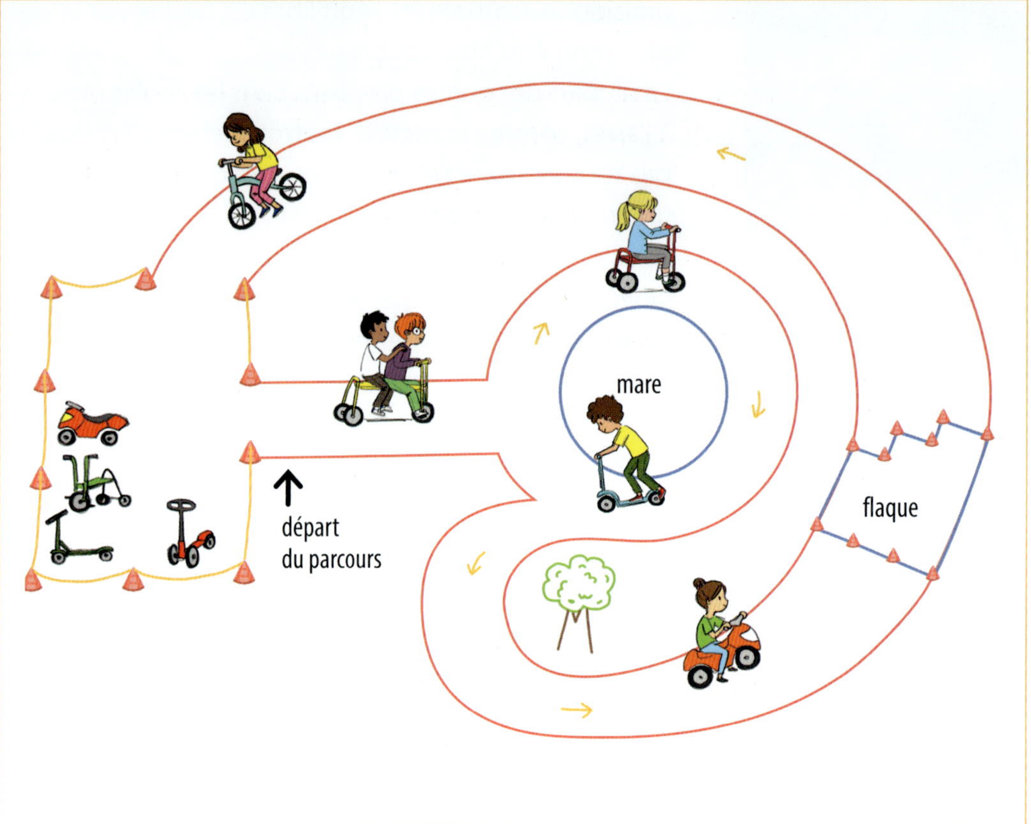

Évaluation des réussites et des progrès

L'enseignant se fondera sur des critères d'observation et des indicateurs précis, qualitatifs, afin d'identifier les progrès et de les valoriser avec les élèves.

Critères d'observation	Indicateurs de progrès
S'équilibrer pour monter et descendre de son engin.	L'enfant a une démarche assurée, il ne tombe pas, il ne fait pas tomber son engin.
Conserver son équilibre pendant les moments de roue libre ou de changements de trajectoire.	Il garde les pieds en l'air ou sur l'engin pendant les moments de roue libre. Il continue à avancer pendant les changements de trajectoire.
Se propulser et conduire son engin.	Il avance, tourne, s'arrête, régule sa vitesse en fonction de l'environnement matériel et humain. Il prend en compte les trajectoires des autres ; il regarde devant lui.

Phase 1

Découverte des engins

3 ou 4 séances de 30 minutes.

Entrée dans l'activité

10 minutes.

Vous allez chacun jouer avec un engin qui roule. D'abord, vous allez entrer calmement par la porte du garage, choisir un engin et sortir par la porte en poussant votre engin à côté de vous. Ensuite, vous pourrez monter dessus et vous déplacer où vous voulez dans la cour.

Étienne, montre-nous ce qu'il faut faire. Tu entres dans le garage par la porte, tu choisis… *(L'enfant choisit un engin roulant)*… une trottinette, d'accord, et tu sors en la poussant. C'est très bien, maintenant, tu peux rouler où tu veux.

À votre tour de choisir, Johan, Lucie, Delphine… *(Nommer les enfants par groupes de 5 pour éviter les bousculades)*, allez-y !

Selon le niveau de développement des enfants et donc leurs préoccupations, la promenade libre pourra durer une séance complète voire plusieurs. Si l'enseignant propose d'effectuer un parcours tout de suite, les élèves risquent de ne pas s'y intéresser et de faire autre chose. Ils doivent donc explorer suffisamment la conduite libre avant d'être confrontés à davantage de contraintes à fortiori chez les plus jeunes.

Se promener librement dans la cour

Vidéo : 1 s – 1 min 55

Précisions sur le déroulement

- Durant cette phase libre qui peut durer par exemple deux fois 10 minutes dans une séance, scindée par une mise en commun, les élèves vont, à des rythmes différents, se déplacer à pied, sur les engins, s'arrêter, examiner les engins au garage, les toucher, observer les autres, les imiter ou les suivre.

  Cela permet aux élèves de découvrir le matériel et de se promener en commençant à tenir compte de la trajectoire des autres.

  L'enseignant en profite pour aider les plus fébriles à avancer ou à monter sur leur engin. C'est par la répétition, l'exploration et le choix laissé aux enfants que progressivement leur conduite évoluera et qu'ils pourront se centrer davantage sur les tâches proposées.

Exemples de conduites typiques :
– l'élève pousse son engin, ne monte pas dessus ;
– l'élève veut changer souvent d'engin, il abandonne son engin au milieu de la cour ;
– l'élève veut prendre l'engin d'un autre ;
– l'élève se promène partout, ne s'arrête plus ;
– les élèves sont par deux sur un engin, ils se poussent, se tirent, promènent leur camarade.

- Concevoir une zone de garage dans la cour est important. Cela permet de construire les règles de fonctionnement petit à petit :
  – quand un enfant veut changer d'engin, il va dans le garage reposer son vélo et il prend par exemple une trottinette s'il le souhaite ;
  – on n'abandonne pas son engin au milieu de la cour et on ne prend pas celui des autres ;
  – un élève qui veut changer ou arrêter en a tout à fait le droit mais il doit rentrer au garage.
  Ces règles seront construites peu à peu lors des mises en commun, en fonction des observations de l'enseignant.
  Si deux enfants souhaitent le même engin roulant dans le garage, l'enseignant leur dira qu'ils échangeront ensuite.

Sortir son engin du garage puis l'y ranger

Vidéo : 1 s – 40 s

- La transition garage-promenade va permettre aussi aux élèves d'apprendre à conduire un engin en étant à côté, en le poussant, ce qui n'est pas facile.
  Une tâche spécifique peut être mise en place ponctuellement pour ceux qui en ont besoin, pour apprendre à déplacer l'engin sans le porter, en le poussant, en le tirant et en tournant le guidon. En effet, certains enfants vont avoir tendance à soulever le vélo pour le déplacer, changer son orientation au lieu de le faire rouler et de tourner le guidon.

- Lors de la mise en commun, l'enseignant demandera d'abord aux enfants de dire tout ce qu'ils ont pu faire : certains pourront l'exprimer verbalement, d'autres montreront et l'enseignant formulera.
  Oui Loïc, bravo, tu as réussi à poser les deux pieds en même temps sur ta trottinette. C'est très bien.
  L'enseignant et les élèves nomment et répertorient ensuite les différentes actions motrices observées : **monter, descendre de son engin, avancer, s'arrêter, freiner, rouler, tourner, pousser**.
  Cela permet de tisser des liens entre les séances et entre les situations vécues pour répéter ensuite les actions et progresser.

Présentation du parcours aux élèves

2 fois 15 minutes.

1 Aujourd'hui, vous allez réaliser un parcours. Je vous répartis en deux groupes.

Faustine, Aya, Milhane... vous êtes dans le groupe vert *(donner les chasubles)*. Vous allez faire avec moi ce parcours *(montrer l'endroit et verbaliser le lieu)* à côté de la fenêtre de la classe des moyens.

Juliette, Ryan, Clarissa... vous êtes dans le groupe jaune *(distribuer les chasubles)*. Vous continuez à vous promener où vous voulez près de la cour des grands, mais sans venir sur le parcours des verts.

Le groupe jaune peut aller choisir des engins avec Isabelle (ATSEM). Les autres, vous venez avec moi.

Je vous ai préparé un parcours pour que vous puissiez apprendre à conduire. Venez, nous allons le faire ensemble une fois à pied, je vais vous le montrer.

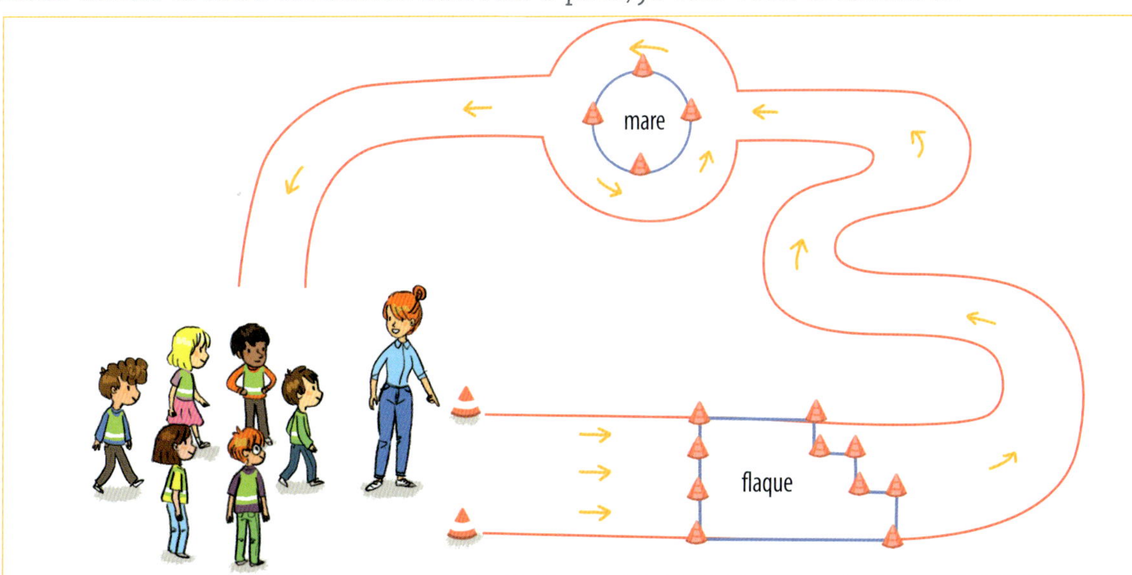

2 Le départ est ici, entre les plots. Regardez bien, nous suivons des traces au sol, il va falloir essayer de rouler en restant toujours sur la route ! Suivez-moi, ici j'ai dessiné comme une grande flaque d'eau, il va falloir la traverser avec votre engin sans poser les pieds dedans, sinon, ils vont être mouillés ! Maintenant, il y a un virage... puis encore un autre et ici, attention, la route rétrécit ! Ensuite, avec les plots j'ai fabriqué comme une grande mare, il faudra faire le tour de la mare sans tomber dedans, et revenir au départ.

3 Allez chercher les engins. Vous réalisez le parcours plusieurs fois de suite, vous pouvez décider de changer d'engin si vous le souhaitez.

4 Vous avez tous bien suivi le parcours en roulant sur la route, c'est très bien. Alors est-ce que c'était facile ou difficile ? Leila, peux-tu nous dire ce qui a été difficile pour toi ? La traversée de la grande flaque d'eau ? Oui, j'ai vu d'autres enfants qui ont mis les pieds dedans… Comment pouvez-vous faire pour traverser sans poser les pieds par terre pour ne pas les mouiller ?

5 Maintenant, vous recommencez le parcours en essayant de ne pas vous mouiller les pieds dans la flaque.

Précisions sur le déroulement

- Dans l'espace consacré à la promenade libre (sous surveillance de l'ATSEM), les enfants continuent à avancer et à se diriger où ils veulent. Il n'y a pas de contraintes spécifiques.
- Durant cette phase, la mise en place de deux espaces (promenade libre d'un côté et parcours précis de l'autre) en plus du garage permet d'éviter les attentes trop longues et donc

d'optimiser le temps de pratique. Les groupes peuvent changer d'espace au cours de la séance ou d'une séance à l'autre, selon le temps dont l'enseignant dispose. Certains élèves, par exemple des TPS, pourront rester plus de temps en promenade libre si besoin.

Suivre un parcours simple avec l'engin de son choix

Vidéo : 2 min 25 à la fin

- Le parcours est tracé à la craie ou avec des cordelettes et représente une route.
- Les élèves doivent pouvoir rouler à plusieurs en même temps sur le parcours, donc celui-ci doit être suffisamment long. Il ne faut pas qu'il y ait de file d'attente.
- Le parcours propose certains aménagements. C'est le matériel qui va induire les réponses motrices des enfants, en sachant qu'ils peuvent s'y prendre de différentes façons, tout est possible à l'intérieur du cadre proposé.

Exemples de conduites typiques lors des premiers essais :

- certains vont s'arrêter souvent, descendre et remonter sur leur engin. Cela peut concerner des élèves peu assurés ou alors des élèves qui se racontent une histoire tout en roulant ;
- certains ne prendront pas en compte tout de suite tous les passages du parcours, passeront à travers ou resteront sur une tâche pour la répéter tout de suite ;
- certains peuvent parfois sortir du parcours sans le faire exprès, voire aller dans l'espace dédié à l'autre groupe ;
- certains vont être préoccupés par le fait d'aller vite, d'autres voudront plutôt s'assurer de rester sur la route, certains voudront absolument rouler sur les traces au sol, très précisément, d'autres seront intéressés surtout par un passage, par exemple traverser la flaque sans poser les pieds.

- Ce même parcours sera donc exploité pendant 2 ou 3 séances pour que les élèves le découvrent et se l'approprient.
- La mise en commun peut être centrée sur une partie du parcours, le reste étant questionné lors d'une séance ultérieure. Par exemple, le groupe peut se placer près de la flaque et l'enseignant demande à deux enfants de montrer, voire d'expliquer, comment ils font pour traverser sans se mouiller les pieds.

Exemples de formulations des savoirs par l'enseignant

- Pour sortir du garage avec la trottinette ou le vélo à la main, il faut tenir le guidon, regarder devant soi en avançant et en allant doucement.
- Dans le parcours, pour franchir la flaque sans poser les pieds par terre, il faut prendre de l'élan avant, essayer d'aller vite pour que le vélo (ou la trottinette) avance tout seul dans l'eau !
- Quand on roule, on regarde là où on va, devant soi pour aller droit.

Phase 2

On s'entraine pour progresser

4 à 5 séances de 30 minutes.

Entrée dans l'activité

Une dizaine de minutes, 1 engin par enfant.

Nous allons jouer au jeu que vous connaissez déjà, « Jacques a dit[1] », mais cette fois-ci, nous allons y jouer avec les vélos et les trottinettes. Vous allez vous déplacer dans la cour et bien écouter ce que je vais vous demander de faire ! Jacques a dit : « Lâchez une main. »

Exemple de consignes à donner : Jacques a dit :

- Roulez.
- Arrêtez-vous.
- Allez le plus lentement possible.
- Poussez votre engin en marchant à côté.
- Reculez.
- Posez votre engin par terre et prenez-en un autre.

Les circuits pour progresser

20 minutes.

Voici quelques exemples de situations pour aider les enfants à progresser dans la situation de référence. Toutes doivent faire l'objet d'une phase d'exploration et d'entrainement pour que les enfants réussissent de plus en plus souvent sur des engins plus ou moins stables. La répétition est indispensable. Certaines situations sont plus adaptées à certains engins pour atteindre l'objectif fixé (voir pages 45-46).
Les circuits proposés dans ces situations sont courts et centrés sur une tâche particulière en fonction des besoins identifiés. Le réinvestissement se fera dans le grand parcours. Plusieurs circuits courts peuvent être proposés en même temps, donc tous les enfants ne sont pas obligés de tous les réaliser. Ainsi, il ne s'agit pas de mettre en œuvre des « ateliers tournants » mais plutôt de laisser le choix aux élèves ou de leur proposer certaines tâches selon leurs besoins.

La situation de référence est proposée en parallèle des situations. Les enfants peuvent librement le refaire quand ils le souhaitent. L'enseignant peut aussi, selon ses observations, demander à certains enfants d'y retourner pour constater les progrès ou les difficultés.

Peu à peu, des repères seront donnés aux élèves pour les aider à progresser.
Pour pouvoir avancer sans s'arrêter, il faut :
- prendre de la vitesse ;
- regarder devant soi (et pas son vélo) ;
- bien regarder le parcours pour anticiper les changements de trajectoire.

Glisser pour s'équilibrer

Circuit pour les trottinettes et draisiennes.

Cette situation peut être proposée pour apprendre à pousser fort au sol et apprendre à s'équilibrer.

Ici, j'ai tracé à la craie de nouvelles flaques d'eau, mais regardez bien, celle-ci est petite, celle-là est un peu plus grande et la dernière est très très grande. Comme l'autre fois, vous allez devoir prendre de l'élan pour traverser la flaque, celle que vous voulez, sans poser les pieds dedans ! Ensuite vous continuez le chemin pour revenir au départ.

Les élèves vont pouvoir s'entrainer à prendre de l'élan pour mettre les deux pieds sur la trottinette ou lever les pieds sur la draisienne dès qu'ils arrivent dans la flaque.
Ce travail en roue libre permet de développer l'équilibre et de comprendre que la vitesse est importante pour conserver l'équilibre.

Se diriger sans s'arrêter

Pour tous les engins.

Cette situation peut être proposée pour apprendre à anticiper son déplacement, donc à regarder au-delà de son vélo pour ne pas avoir à poser les pieds par terre (s'il y a des pédales) ou à s'arrêter pour respecter le parcours.

Vous allez devoir réaliser ce circuit sans vous arrêter ! Attention, il y a beaucoup de virages, suivez bien la route ! Quand vous aurez fini, vous viendrez me dire si vous avez réussi à rouler sur la route sans vous arrêter. Ensuite, vous pourrez changer d'engin si vous le voulez.

Ce circuit permet de coordonner, pour les plus jeunes, la direction avec les mains sur le guidon et la propulsion avec les pieds.

1. « Jacques a dit » est un jeu traditionnel dans lequel chacun doit suivre les instructions des meneurs, mais seulement celles précédées de « Jacques a dit ». Par exemple, si le meneur dit « Jacques a dit de s'assoir ! », il faut s'assoir ; mais s'il dit « levez les bras », il ne faut pas le faire. Si le joueur se trompe, ce n'est pas grave, et surtout on ne l'élimine pas !

Regarder devant soi

Pour tous les engins.

Cette situation peut être proposée pour développer la prise d'information visuelle, afin que les élèves regardent devant eux et non pas la roue avant de leur engin ou leur guidon.

Vous allez faire une promenade dans la cour, en restant toujours par deux avec un copain. Un enfant est devant, il est le premier, il va où il veut. L'autre enfant est derrière lui et il doit le suivre. Théo et Maxime vont nous montrer. Théo est devant et Maxime va devoir suivre Théo. Allez-y ! Très bien. Ensuite, vous changerez, c'est Maxime qui sera devant et Théo qui suivra Maxime.

Par deux : Choisir son chemin, suivre son partenaire

Vidéo : 1 min 56 à 2 min 25

S'arrêter

Pour tous les engins.

Cette situation peut être proposée pour que les élèves apprennent à s'arrêter dans un espace précis.

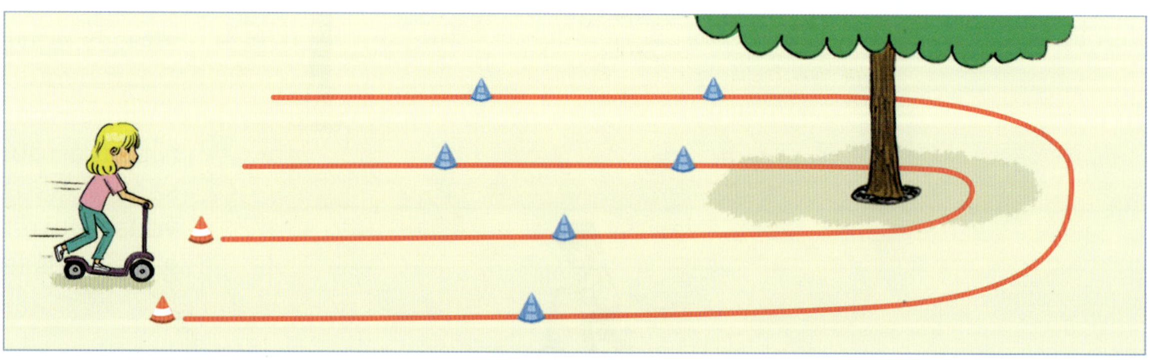

Vous allez réaliser ce circuit. Attention, vous devrez vous arrêter à chaque fois entre les plots bleus. Jeanne, viens nous montrer.

Tu dois rouler tout droit, et là, voici les plots bleus, tu dois t'arrêter entre les plots bleus, juste entre les plots bleus. C'est difficile. Très bien. Ensuite, tu continues, tu fais le tour de l'arbre et là, voici des plots bleus, tu dois t'arrêter juste entre les plots bleus. Super ! Tu continues et voici encore des plots bleus, tu dois t'arrêter juste entre les plots bleus. Bravo !

Vous allez pouvoir vous entrainer et faire le circuit autant de fois que vous voulez.

Exemples de formulations des savoirs par l'enseignant

- Pour s'arrêter à vélo, il faut appuyer sur les freins doucement.
- Pour s'arrêter en trottinette : on ne pousse plus avec ses pieds sur le sol pour ralentir, puis on pose un pied par terre.
- On doit commencer à freiner avant d'être entre les plots bleus, sinon, on n'arrive pas à s'arrêter juste entre les deux plots.
- En roulant, on regarde devant soi pour bien repérer les endroits où on doit s'arrêter.

Adaptation possible pour des classes de MS et GS

- Pour une classe de GS, la démarche sera la même : l'enseignant proposera un grand parcours pour valoriser les progrès des élèves tout au long du module. Ce parcours sera stable et proposé régulièrement. Les différentes situations rencontrées sur le parcours évolueront selon les capacités des enfants et les engins utilisés, c'est-à-dire s'il s'agit de trottinette ou de vélo sans roulettes par exemple.

- Le parcours peut être plus complexe et comporter des doubles voies de circulation, ce qui contraint les enfants à aller droit. Quelques panneaux routiers peuvent aussi être disposés afin d'apprendre aux enfants à s'arrêter, à repartir et surtout à prendre en compte les trajectoires des autres. L'enseignant peut également mettre en place des plans inclinés, augmenter les moments de roue libre (glisse), matérialiser des « tunnels » faits de poteaux et barres horizontales pour contraindre l'élève à baisser un peu la tête en passant dessous, ce qui remet en cause son équilibre. Les virages seront aussi importants, il est possible de les enchainer et de les proposer de plus en plus serrés.

  Voici un exemple de parcours :

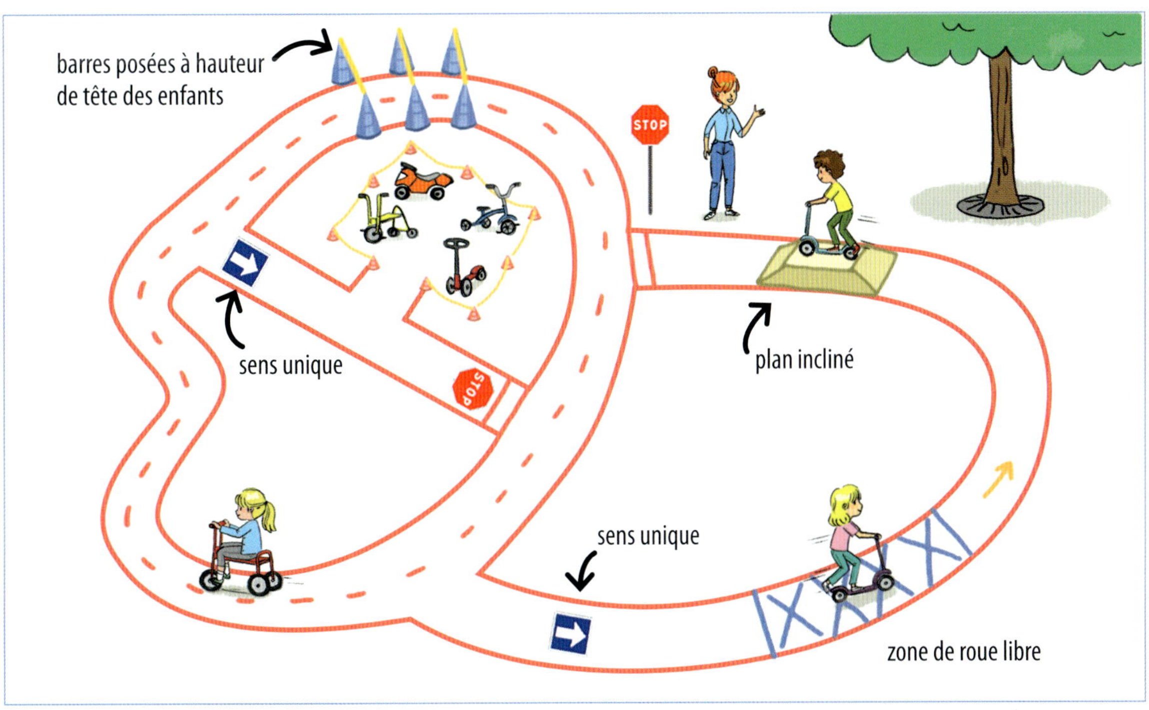

- Comme pour les TPS-PS, des situations spécifiques seront proposées, avec les différents engins, pour progresser dans le parcours. Par exemple :
  – Pour allonger les moments de glisse en roue libre, il est envisageable de proposer plusieurs circuits en lignes droites parallèles. Pour se propulser ou se rééquilibrer, l'enfant ne peut poser les pieds que sur des briques dont les espacements seront différents selon les circuits.

  – Pour développer davantage l'équilibre, la mise en place de circuits courts « accidentés » (c'est-à-dire sur herbe par exemple avec des petites montées, descentes, des obstacles à ne pas renverser) permettra aux enfants d'apprendre à se diriger et à adapter leur vitesse au contexte.

- Enfin, il est tout à fait possible d'utiliser d'autres objets roulants comme les rollers.

Rouler et glisser • Promenons-nous en roulant

Ce que nous avons appris en éducation physique

Objectif : Se propulser et adopter une posture permettant de s'équilibrer sur différents engins roulants.

Votre enfant ....

réussit à conduire un tricycle, une draisienne et une trottinette.

Il se propulse de plus en plus pour aller de plus en plus loin.

Votre enfant ....

commence à faire du vélo sans roulettes sur de petites distances.

Il sait trouver l'équilibre sur des engins à deux roues et avancer droit.

Il va apprendre à présent à s'arrêter dans des zones de plus en plus précises.

2

Gymnastique
Rouler et se renverser

Dans ce module, les élèves vont apprendre à rouler et se renverser grâce à des pentes et des ***contre-hauts****, comme des acrobates.

LES ACTIONS MOTRICES INHABITUELLES	
Ce qu'elles sont	**Ce qu'elles ne doivent pas être**
des actions à développer régulièrement pour être réinvesties dans d'autres pratiques comme la danse, le cirque, les jeux ou autre	« des parcours d'actions » sans expliquer pourquoi ni donner de sens
des actions qu'il convient d'investir et de décliner dans des situations variées : par exemple pour apprendre à rouler, l'enfant va explorer différentes façons de rouler avec du matériel varié	une répétition et une succession d'actions motrices stéréotypées : par exemple, on explore les roulers à travers un seul atelier où l'enfant ne roulera qu'en avant
des actions qu'il faudra expérimenter puis répéter suffisamment pour être ***automatisées**** tout au long de la scolarité	une découverte d'actions nouvelles à chaque séance
des pratiques qui permettent aux enfants de réussir en utilisant leurs propres procédures, qui suscitent des ***prises de risque**** dans un environnement sécurisé et pour lesquelles les enfants auront plaisir à s'engager	des ***situations fermées**** où la réponse attendue est unique et dans lesquelles les actions motrices sont imposées par l'enseignant (et non par le matériel) : par exemple on explique aux enfants que sur le plan incliné on roule de côté, comme un tonneau, au lieu de les laisser explorer

Niveau de classe PS - MS

Programme

- **Objectifs :** adapter ses équilibres et ses déplacements à des environnements ou des contraintes variés.
- **Attendus :** se déplacer avec aisance dans des environnements variés, naturels ou aménagés.

Ce que les élèves vont apprendre durant ce module :

– Se déplacer dans des postures renversées.
– Transférer le poids de son corps des membres inférieurs aux membres supérieurs.
– Utiliser un lexique adapté et précis pour décrire des actions.

Organisation Classe entière, en ilot et en parcours.

Durée 8 à 10 séances de 30 à 40 minutes.

Matériel
- Tapis.
- Blocs de mousse de différentes formes.
- Bancs.

Vidéos pour l'enseignant « Entrée dans l'activité », « Phase d'exploration », « Apprendre à rouler et s'entrainer ».

Précisions sur le matériel L'utilisation du matériel est primordiale : celui-ci va induire les actions motrices des enfants et sécuriser l'espace. Dans le module que nous présentons ici, rouler et se renverser, l'utilisation des pentes est fondamentale.
Il n'est pas nécessaire cependant de disposer de plans inclinés préconçus ; l'empilement de tapis et petits blocs de mousse est largement suffisant et permet de surcroit de modifier régulièrement l'inclinaison de la pente. D'ailleurs, les plans trop inclinés ne conviennent pas (l'enfant ne roule pas mais tombe sur le dos, chute ou rebondit), un décalage de 10 à 20 cm entre le départ et l'arrivée est suffisant.
Les pentes ascendantes permettent aux enfants de renforcer leurs actions musculaires, car ils doivent faire des efforts pour monter.
Les pentes descendantes sont une source de plaisir, apportent plus de vitesse et incitent/aident à rouler, en facilitant le passage du centre de gravité au-dessus des appuis. Le matériel, et notamment les tapis, devra être en nombre suffisant pour garantir la sécurité des enfants tout en les incitant à réaliser des actions de plus en plus renversées et inhabituelles. Dès l'instant où l'enfant va se déplacer en appui même partiel sur les mains, il commence alors à « se renverser ».

Ce qu'il faut savoir Les actions motrices fondamentales doivent être développées de façon privilégiée entre 2 et 7 ans car c'est une période sensible, charnière, très propice à l'apprentissage moteur : courir, ramper, franchir, sauter, se renverser, rouler, tourner, lancer, se suspendre, manipuler… Les enjeux de la scolarisation en maternelle sont donc très importants à ce niveau : il s'agit de solliciter les habiletés motrices, les développer et les complexifier. Pendant cette période, l'éducation physique de l'enfant doit être suffisante, au risque d'aboutir à un déficit qui sera ensuite difficilement rattrapable. Ainsi, l'enseignant va favoriser l'exploration et la diversification d'actions motrices globales, identifiables par les verbes d'action. Pour que ces apprentissages aient du sens, il est pertinent de les mettre relation avec des pratiques représentatives culturellement. Par exemple, dans ce module, les enfants vont élaborer des numéros de cirque – parallèlement ou après le module – pour lesquels apprendre à rouler et à se renverser comme les acrobates se présentera comme une nécessité.

Un mot à propos des parcours

Les parcours ne sont pas une fin en soi, ils sont juste un mode d'organisation (qui pourrait être autre) pour viser le développement d'actions motrices ciblées. Trop souvent, ils sont proposés aux enfants sans que les apprentissages ne soient précisément définis, et les élèves sont finalement amenés à juxtaposer différentes actions sans lien entre elles. Par ailleurs, les parcours fermés ont de nombreux inconvénients et sont difficiles à organiser :
– ils provoquent des bouchons et donc des files d'attente ;
– ils ne permettent pas de différencier ;

– ils laissent peu de choix aux élèves et impliquent une organisation à respecter scrupuleusement ;
– ils sont bien souvent accompagnés d'un temps de pratique très réduit pour chacun ! D'autres modes de fonctionnement peuvent être mis en œuvre pour que l'organisation n'empiète pas sur le temps de pratique des élèves. Durant une séance, l'aménagement de l'espace peut en effet évoluer selon les besoins comme nous allons le proposer ici.

Évaluation des réussites et des progrès

L'évaluation des progrès se fera par observations tout au long du module, essentiellement sur les ateliers définis en tant que ***situation de référence****. Trois ateliers peuvent être mis en place de façon stable et proposés régulièrement afin de capitaliser les progrès.

Par exemple : un atelier pour rouler en avant, un autre pour rouler en arrière et un autre pour se déplacer latéralement (les mains au sol et les pieds sur un banc).

Critères d'observation	Indicateurs de progrès
Rouler en avant	L'élève roule en avant sur une surface plate ou en pente légère, avec ou sans aide. Il conserve sa trajectoire et arrive assis.
Rouler en arrière	Il roule en arrière à partir de la position assise ou accroupie, avec ou sans aide, sur plan légèrement incliné. Il arrive à genoux. Il maintient sa tête dans l'axe de la roulade.
Se déplacer en étant renversé	Il accepte de changer d'équilibre en passant le poids du corps sur les mains. Il garde ses bras tendus et les épaules au-dessus des appuis (mains).

Phase 1 Découverte du matériel et premières acrobaties

2 ou 3 séances de 35 minutes.

Avant la première séance, il est indispensable d'expliquer aux enfants pourquoi certaines actions vont être travaillées en utilisant, par exemple, une vidéo montrant des acrobates.

Nous avons décidé il y a quelques jours d'apprendre à faire du cirque, à créer des numéros de cirque. Pour cela, nous avons besoin d'acrobates, donc nous allons apprendre à réaliser des acrobaties, comme les acrobates du cirque Eloize que nous avons vus en vidéo. Vous allez apprendre à vous renverser et à rouler.

Entrée dans l'activité

5 minutes à chaque séance.

L'enseignant guide à la voix les enfants qui se déplacent dans un espace défini. Il réalise avec eux des déplacements variés, de plus en plus inhabituels en s'inspirant des artistes ou animaux de cirque.

Vidéo « Entrée dans l'activité »

Je marche sur un fil comme le funambule…
J'avance à 4 pattes, sur les pieds et les mains, comme l'éléphant…
J'avance en tournant tranquillement comme les danseurs…
Je marche comme l'araignée, sur les mains et les pieds mais le ventre en l'air !
Je recule à 4 pattes, pieds et mains, comme les clowns, la tête en bas…

Les premiers ateliers d'exploration

20 à 30 minutes.

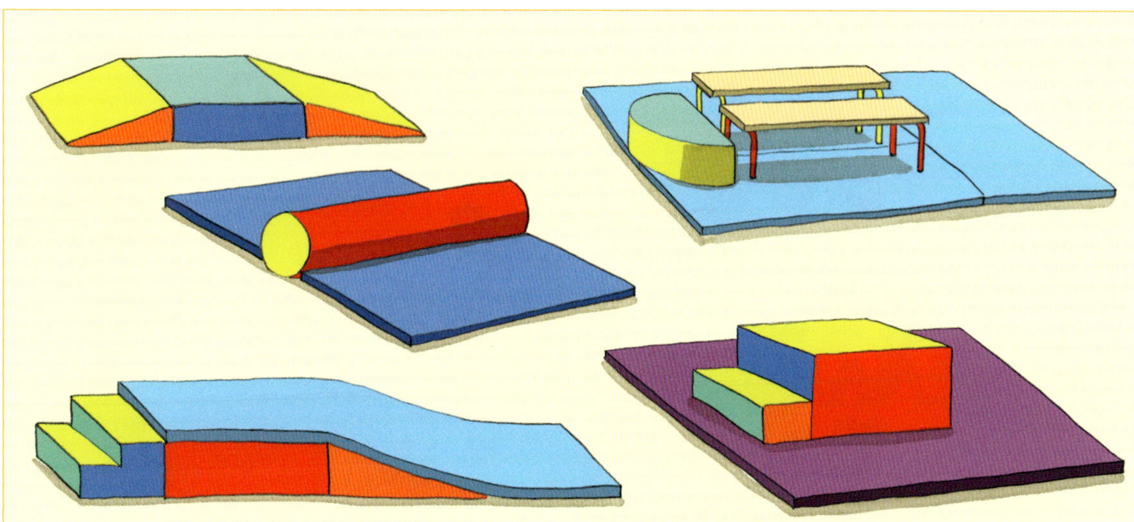

1 Nous allons maintenant faire de la gymnastique pour apprendre à réaliser des acrobaties. Pour cela, j'ai installé du matériel, avec des tapis pour ne pas que vous vous fassiez mal.

Vous allez chercher tout ce que vous pouvez faire sur le matériel que j'ai installé. Regardez bien, il y a des ateliers partout dans la salle : le rondin, le plan incliné derrière, l'escalier juste à côté des bancs, les bancs et la colline !

2 Vous pouvez aller où vous voulez, mais attention, il ne faut pas se bousculer et vous attendez que le copain qui est devant vous ait terminé et soit descendu avant de faire l'acrobate.

3

Très bien, revenez tous vers moi ; nous allons regarder quelques enfants qui vont nous montrer ce qu'ils ont fait sur cet atelier : le rondin. Asseyez-vous juste à côté. Je vous ai tous observés pendant que vous étiez aux ateliers. Ici, j'ai pu voir des acrobaties très différentes, je vais donc demander à Timéo, Leila et Joshua de nous montrer ce qu'ils ont fait.

4

Timéo, vas-y, tu peux commencer et nous montrer ce que tu as fait. Bravo Timéo, tu as décidé de marcher à 4 pattes sur le rondin en mousse. Cela n'est pas facile, bravo !
À toi Leila… très bien Leila, tu passes par-dessus le rondin, tu le franchis en te couchant dessus.
À toi Joshua… Bravo Joshua, tu traverses le rondin en restant collé à lui, à plat ventre.

Précisions sur le déroulement

Vidéo « Phase d'exploration » : de 1 s à 1 min 14

- La disposition des ateliers en ilots est importante. Cela permet de ne pas perdre de temps sur l'organisation et d'éviter les files d'attente. De plus, laisser les enfants choisir les ateliers permet à l'enseignant de voir tout de suite si certains ne sont pas adaptés (trop difficiles, trop faciles ou peu attirants) et si certains sont très demandés. Ces derniers pourront alors être dédoublés. L'enseignant peut aussi modifier son aménagement en fonction de ses observations. Une ATSEM peut éventuellement se placer là où les enfants en ont besoin, pour les sécuriser affectivement. En effet, ces premiers moments d'exploration ne doivent pas obliger l'enseignant à rester auprès d'un atelier « à risque ». Durant cette phase, son rôle est d'observer les enfants en activité pour réguler ensuite et mieux répondre à leurs besoins. L'enseignant veillera donc à ce qu'il n'y ait pas de difficulté majeure ou de hauteur trop importante. La sécurité doit être garantie pour que les enfants puissent explorer librement.

Exemples de conduites typiques :
- certains élèves restent au même atelier : cela montre un fort intérêt pour une action particulière ;
- certains vont à plusieurs en même temps sur un même atelier, il faudra donc rappeler les règles pour ne pas se faire mal ni déranger les autres ;
- certains répètent toujours la même action même si plusieurs procédures ont été partagées pendant la mise en commun : ce n'est pas grave, ils ont besoin de répéter ce qu'ils réussissent. Ils changeront de procédure en temps voulu ;
- certains vont observer les autres avant d'agir parce qu'ils en ont besoin ;
- certains vont se comporter comme des « risque-tout ».

Vidéo « Phase d'exploration » : de 1 min15 à 1 min 54

- Pendant la mise en commun, en milieu de séance, l'enseignant se concentre sur un atelier pour attirer l'attention des enfants sur certains éléments ou leur montrer d'autres façons de procéder, en lien avec ses attentes (ici, rouler et se renverser). Il demandera à quelques enfants de montrer leurs actions et verbalisera lui-même ce qu'ils font s'ils n'y parviennent pas ou reformulera en cas de verbalisations trop imprécises. La précision du vocabulaire employé est importante, tout comme la répétition des termes par l'enseignant et les élèves.
  Ensuite, les élèves continuent leur exploration. Il n'est pas possible de parler de tous les ateliers en même temps, des choix doivent être effectués en fonction des observations faites des élèves en activité. Des mises en commun sur des ateliers différents seront proposées à chaque séance, l'enseignant veillera à ce que chacun puisse à un moment donné montrer aux autres ce qu'il a fait : tous doivent être valorisés. La prise de photos est conseillée, elle permet de créer des liens entre les séances et de signifier concrètement les progrès.

Exemple de questions à poser lors de la mise en commun :

Comment se fait-il que cet atelier avec le rondin ne soit pas facile ?
Comment faites-vous pour monter dessus ? Et pour descendre sans tomber ?

Réponses possibles :

– Ça n'est pas facile parce que ça bouge, parce que ça roule.
– Si je saute pour monter, je n'y arrive pas.
– Il faut monter au bout pour ne pas que ça bouge.
– Il faut que quelqu'un tienne le rondin pour ne pas que ça bouge.
– Pour descendre, je vais doucement.
– Moi je garde toujours les pieds par terre !

ATELIERS	ACTIONS OBSERVABLES
Plan incliné	– Descendre sur les fesses, comme un toboggan. – Rouler comme un tonneau. – Glisser sur le ventre en se tractant avec les bras. – Rouler en avant, droit ou de travers. – Monter à 4 pattes.
Rondin en mousse	– Le franchir latéralement, en se mettant à cheval dessus. – Le traverser dans la longueur, à cheval, à 4 pattes, à plat ventre. – Le franchir latéralement en se laissant rouler au sol de l'autre côté.
Les bancs et tapis au sol	– Marcher dessus en avant, en arrière, à 4 pattes. – Se déplacer latéralement, les mains sur le banc, les pieds au sol, ou les pieds sur le banc, les mains au sol (attention à ne pas creuser le dos). – Monter et sauter du banc sur le tapis.
Rectangle en mousse avec marches en mousse	– Grimper sur les marches avec ou sans aide. – Marcher dessus debout ou à 4 pattes, ou ramper. – Se laisser descendre sur les pieds/ fesses. – Descendre en rampant comme un serpent. – Sauter avec aide.

Les actions les plus renversées ou roulées devront être prises en compte car elles seront explorées, reconduites dans la phase 2.

- Deux ou trois séances d'exploration seront nécessaires afin que les élèves aient suffisamment de temps pour investir les ateliers proposés et éventuellement faire évoluer leurs actions motrices, en tester d'autres. L'objectif étant d'apprendre à rouler et à se renverser, il est pour autant important de laisser une phase d'exploration où d'autres actions sont possibles. Le rôle de l'enseignant à chaque séance est d'observer et d'encourager.
Durant la phase 2, on expérimentera différentes façons de rouler et de se renverser, les actions seront plus ciblées.

Bilan : Inventorier les actions motrices réalisées pendant la séance

Vidéo « Phase d'exploration » : de 1 min 55 à la fin

Exemples de formulations des savoirs par l'enseignant

- Nous avons appris à ramper ou à marcher à quatre pattes sur le rondin : pour ne pas tomber, il faut aller doucement et rester bien au milieu.
  Il est plus facile de monter au bout du rondin que sur le côté pour ne pas qu'il roule.
- Nous avons appris à nous déplacer sur les mains, comme les acrobates : pour cela il faut garder les bras bien tendus et se déplacer sur le côté les mains par terre avec les pieds sur le banc.
- Nous avons appris aussi à rouler de différentes façons sur le plan incliné. Pour l'instant, nous savons rouler comme un tonneau sur le côté, et certains ont commencé à apprendre à rouler en avant : pour rouler en avant, il faut bien rentrer la tête.

Phase 2

On expérimente différentes façons de rouler puis de se renverser

3 ou 4 séances de 40 minutes.

Entrée dans l'activité

5 à 10 minutes.

Même entrée dans l'activité que pour la phase 1.

Apprendre à rouler

30 minutes.

Vous vous rappelez toutes les façons de rouler que vous aviez trouvées la dernière fois ? *Oui !*

Vous avez roulé de côté comme un tonneau, certains ont roulé en avant. Aujourd'hui, nous allons nous entrainer pour apprendre à rouler sur le côté, en avant et pourquoi pas en arrière pour ceux qui le veulent, avec moi.

Certains ateliers proposés en phase 1 sont modifiés afin de favoriser les roulers dans un premier temps, puis les actions renversées dans un second temps. Par exemple, l'enseignant peut proposer, durant deux séances, trois ateliers où les enfants roulent, et deux autres plus libres, c'est-à-dire sans consigne particulière. Les ateliers pour travailler les roulers ne doivent pas être nouveaux, ils doivent avoir été expérimentés dans la phase 1.
Maintenant, les consignes pourront être plus précises pour apprendre et automatiser certaines actions motrices, et réaliser des ***exploits****.
Vous trouverez, en page suivante, quatre exemples d'ateliers pour apprendre à rouler.

Atelier 1

Ici, vous allez glisser à plat ventre, vous posez vos mains et votre tête par terre et vous levez vos fesses pour rouler en boule. Rappelez-vous : pour rouler, on rentre sa tête, comme ça ! Ceux qui le souhaitent pourront le faire tout seuls, sinon je viendrai les aider.

Atelier 2

Ici, vous vous mettez sur le gros tapis mou et vous essayez de faire une roulade en avant tout seuls ! Pour vous aider, je vous ai mis des blocs de mousse sur les côtés pour que vous puissiez aller droit. Ceux qui veulent pourront essayer d'en faire une seconde à la suite, sans les blocs de mousse.

Atelier 3

Ici, vous allez rouler comme un tonneau en essayant d'aller le plus loin possible, en restant en tonneau !

Cet atelier pourra évoluer durant la séance, pour les enfants qui le souhaitent afin de rouler en arrière ou en avant. L'enseignant donne les consignes dans l'ordre, pendant que l'élève se met en place pour rouler en avant :

Tu démarres sur les pieds, tu poses les mains, la tête entre les mains et tu pousses sur les jambes. Voilà, bravo !

Vidéo « Apprendre à rouler et s'entrainer » : de 1 s à 53 s

Là aussi, l'enseignant donne les consignes tout haut, en aidant l'élève à se positionner :

Pour rouler en arrière, tu te mets en boule, tu poses tes mains comme ceci derrière la tête (*le dessus des mains est posé contre les omoplates pour que les paumes touchent et appuient sur le sol pendant la roulade, les coudes levés et collés contre la tête*), les coudes serrés, voilà, et tu vas basculer en arrière en restant comme ça.

Vidéo « Apprendre à rouler et s'entrainer » : de 54 s à la fin

Précisions sur le déroulement

- Des phases de mise en commun pendant la séance seront organisées et seront centrées sur les actions « rouler ».
  Exemples de questions à poser :
  Qui peut nous rappeler ce qu'on doit faire pour rouler en avant ?
  À quoi doit-on faire attention pour rouler droit ?
  Comment est-ce que l'on place notre menton pour réussir à rouler ?

Peu à peu, des repères seront donnés aux élèves pour les aider à progresser.
Pour rouler en arrière, il faut :
– s'assoir dos à la pente ;
– se mettre en boule ;
– placer les coudes de chaque côté de la tête, le dos des mains sur la nuque ;
– se laisser aller en arrière en restant bien en boule, la tête dans les genoux !

- Quelques précisions pour l'organisation : la première séance de cette phase peut encore être proposée avec des ateliers dispersés (proposés ci-dessus) pour que les enfants choisissent où ils souhaitent aller.
  Ensuite, il sera intéressant de cibler les ateliers en fonction des besoins de chaque enfant : la roulade en arrière sur plan incliné, avec l'aide de l'enseignant, sera proposée pour les volontaires qui commencent à pouvoir maintenir leur tête et leur corps en boule. L'enseignant les aidera toutefois à conserver cette position (voir la manipulation sur la vidéo). Cet atelier sera proposé, par exemple, 5 à 10 minutes durant la séance, afin de ne pas monopoliser l'enseignant à un endroit toute la durée de la séance. Ceux qui savent déjà rouler en tonneau ne sont pas obligés de le refaire.
  Il est plus pertinent, plutôt que de mettre en place des ateliers tournants, de cibler les besoins et de demander aux enfants ce qu'ils préfèrent apprendre. La bascule arrière peut être une source d'appréhension pour certains, elle ne doit être proposée qu'aux plus téméraires. Certains attendront peut-être plusieurs séances pour décider de participer à un nouvel atelier.

Exemples de formulations des savoirs par l'enseignant

- Pour rouler en avant ou en arrière, il faut se mettre en boule et y rester, bien rentrer son menton.

Apprendre à se renverser

20 minutes.

Après deux ou trois séances passées à apprendre à rouler, les ateliers se transformeront en ateliers pour apprendre à se renverser. À ce stade, il s'agira pour les enfants d'apprendre à transférer le poids de leur corps des pieds sur les mains. Les déplacements en quadrupédie (pieds / mains et non genoux/mains) seront privilégiés, avec notamment une surélévation des membres inférieurs pour augmenter le poids sur les membres supérieurs et renverser le corps peu à peu : par exemple, descendre à 4 pattes une pente, mains en premier.
La même démarche que celle proposée pour apprendre à rouler sera proposée :
- exploration ;
- phases de mise en commun, exemples de questions à poser :
  Comment placez-vous vos bras quand vous vous déplacez sur les mains ?
  Comment faire pour descendre un plan incliné à quatre pattes en avant, pour ne pas tomber ?
- répétition pour s'entrainer ;
- verbalisation et répétition des éléments importants pour réussir.

Vous trouverez ci-dessous trois exemples d'ateliers pour apprendre à se renverser.

Atelier 1 Ici, vous vous déplacez sur le côté, sur les mains. Les pieds restent sur le banc, et vous pensez à bien tendre vos bras, comme l'a dit Jules, c'est plus facile !

Atelier 2 Ici vous allez vous déplacer comme l'araignée que l'on a faite tout à l'heure. À 4 pattes, le ventre en l'air, on avance les pieds et les mains sur les deux bancs.

Atelier 3 Ici, vous allez monter la bosse en marche arrière, à quatre pattes. Quand vous êtes en haut, vous vous tournez et vous descendez en avant, toujours à 4 pattes.

Vous vous mettez soit sur vos genoux comme Leila, soit sur vos pieds comme Joshua. Mais attention, c'est plus difficile !

Exemples de formulations des savoirs par l'enseignant

- Pour apprendre à marcher sur les mains, il faut garder ses bras bien tendus et regarder ses mains.
- Pour marcher à 4 pattes comme l'araignée, il faut lever le ventre vers le plafond pour faire comme une planche avec son ventre.

Phase 3 On s'entraine pour progresser et on enchaine les actions

2 ou 3 séances de 40 minutes.

Entrée dans l'activité

Même entrée qu'en phases 1 et 2 avec des déplacements de plus en plus renversés, en appui sur les bras.

Des parcours d'actions motrices en ligne

20 minutes.

Pour clore ce module, l'organisation peut évoluer en proposant différents parcours d'actions motrices en ligne, avec des niveaux de difficulté différents. Les enfants pourront tester les différents parcours et choisir celui qu'ils préfèrent.

Là aussi, il n'est pas nécessaire d'introduire des rotations entre les parcours puisque les exigences seront différentes, mieux vaut laisser les enfants agir à leur guise. Si un parcours est délaissé, c'est qu'il a peu d'intérêt pour eux.

Cette troisième phase favorise la répétition et l'enchainement de différentes actions motrices, comme en gymnastique. L'enchainement d'actions est important, il permet d'attirer l'attention sur de nombreux éléments, d'apprendre à anticiper la suite, même si à cet âge l'élève juxtapose plus ses actions qu'il ne les enchaine. L'enchainement légitime aussi les liens avec le spectacle de cirque des acrobates que les enfants vont réaliser par la suite.

Exemples de trois parcours à proposer

Exemples de formulations des savoirs par l'enseignant

- Nous avons appris différentes actions acrobatiques : nous savons rouler en avant, sur le côté. Nous savons aussi marcher la tête en bas en avant, en arrière et sur le côté : pour réussir, il faut garder les bras tendus, et ne pas trop les écarter.
- Nous savons rouler en avant et en arrière : pour réussir, il faut se mettre en boule, en rentrant bien la tête et rester en boule ! Pour rouler en arrière, il faut aussi bien serrer les coudes de chaque côté de la tête.

Adaptation possible pour des classes de MS et GS

Pour une classe de GS, l'enseignant peut aller plus rapidement vers des enchainements d'actions. En amont, des vidéos de gymnastique artistique peuvent être visionnées par les enfants afin de leur montrer que le côté spectaculaire de l'activité vient entre autres de l'enchainement des actions.
Il est par exemple possible de commencer le module par deux parcours d'actions côte à côte (de façon exploratoire en premier lieu) pour faire émerger les réussites et les besoins.

Voici, pour exemple, deux parcours qui pourraient être proposés pour apprendre à rouler et à se renverser en GS.
Ces parcours seront proposés régulièrement pour évaluer les progrès.

- **Parcours 1**

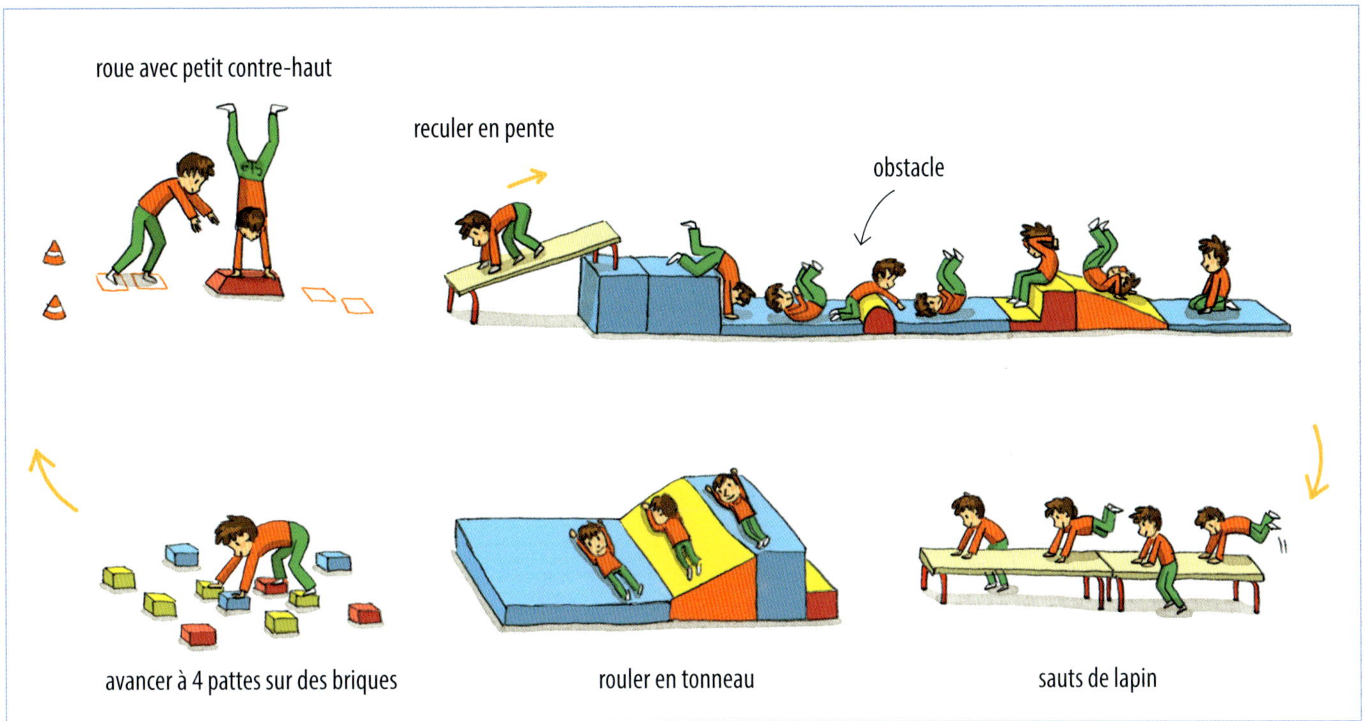

- **Parcours 2**

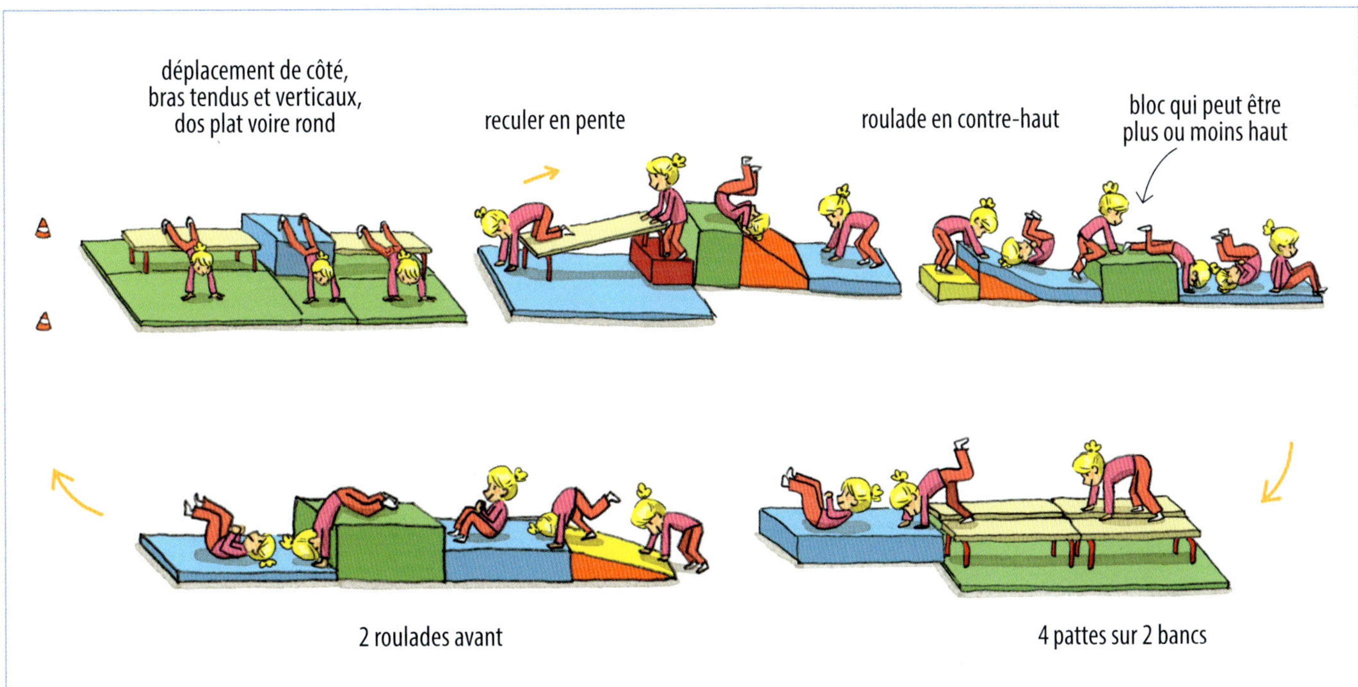

Ce qui diffère des parcours proposés en PS ou MS :

- Le départ des roulades en avant s'effectue toujours à partir de contre-haut ou avec des plans inclinés, mais aussi à partir de ***contre-bas****: les enfants doivent alors pousser sur les jambes pour pouvoir rouler.
- La roulade en avant peut aussi s'envisager par-dessus un petit obstacle (environ 20 cm de large et de haut), pour inciter à pousser sur les jambes et aller poser les mains plus loin en avant.
- Le matériel permet aussi d'enchainer davantage les actions motrices : par exemple, monter à quatre pattes en marche arrière et enchainer une roulade arrière, ou alors avancer à quatre pattes sur les bancs et enchainer avec une roulade avant.

- Des ***contre-hauts**** pourront aussi être proposés pour apprendre à faire la roue (forme de renversement). Ils permettent de comprendre la coordination globale de la roue : *je pose les mains sur le contre-haut et lance les jambes pour franchir le contre-haut et arriver de l'autre côté*. La hauteur ne sera pas recherchée mais l'enfant acquerra peu à peu la coordination globale, même si le corps est à l'oblique avec les jambes fléchies.

Ces parcours d'actions, en tant que situation de référence, visent à enchainer des actions variées pour développer les roulers et les renversements. Cependant, ils ne suffisent pas : parallèlement, des ateliers en ilots seront mis en place pour apprendre à réaliser des actions spécifiques qui seront réinvesties dans le parcours.

- Par exemple, les enfants apprendront à rouler en arrière sur plan incliné pour arriver sur les pieds (ce qui nécessite de pousser sur les bras à la réception et qui permet d'enchainer plus vite la suite).

- Ils pourront apprendre à se renverser en alignant les bras et le tronc à la verticale (les pieds étant en appui sur un bloc de mousse surélevé).

- Ils pourront apprendre à faire la roue – rappelons que cette action est tout à fait envisageable à cet âge, l'apprentissage se faisant de façon globale, sans tendre les jambes ni passer par la verticale. Les enfants l'apprendront essentiellement par mimétisme.

Ce que nous avons appris en éducation physique

Objectifs : Se déplacer dans des postures renversées.
Transférer le poids de son corps des membres inférieurs aux membres supérieurs.

Votre enfant ....

réussit à présent à rouler en arrière avec l'aide de l'enseignant.

Il sait se placer en boule et maintenir la position jusqu'à arriver sur les genoux.

Il va maintenant s'entrainer pour pouvoir ensuite réussir tout seul.

Votre enfant ....

s'essaie à tous les ateliers et parvient à rouler en avant, en arrière

et sur le côté. Il réussit maintenant à descendre des plans inclinés

à quatre pattes, sur les mains et les pieds.

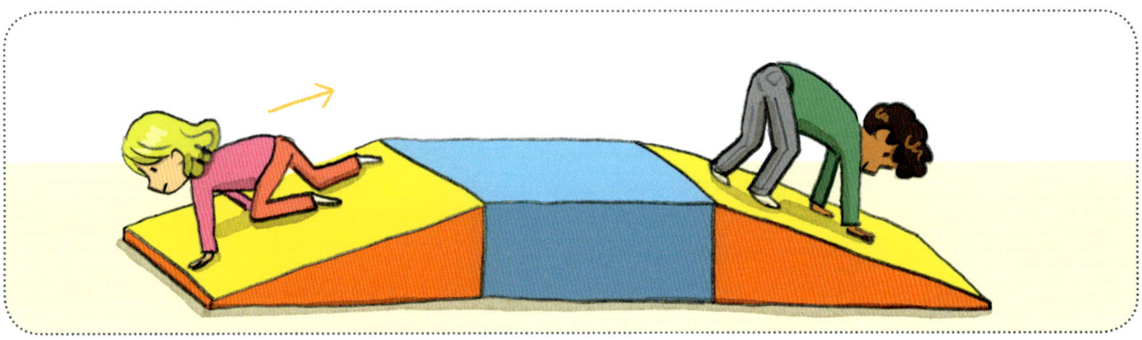

3 Lancer et viser

Dans ce module, les élèves vont apprendre à lancer de nombreux objets différents en visant des cibles plus ou moins grandes, plus ou moins éloignées, et en expérimentant différentes techniques.

LES LANCERS	
Ce qu'ils sont	**Ce qu'ils ne doivent pas être**
des actions motrices utiles pour certaines pratiques : jeux collectifs, activités athlétiques, jeux de précision, etc.	des actions se limitant au lancement d'un seul objet
une action motrice qui sera déclinée de différentes façons pour favoriser l'***adaptabilité motrice**** des enfants : varier les cibles (cartons, pics, fil tendu, paniers accrochés au mur, zones, etc.) et les projectiles (balles rebondissantes ou non, ballons, cartons, foulards, anneaux, etc.)	la répétition d'une tâche unique, par exemple : lancer toujours une balle dans un cerceau
un moyen pour permettre à l'enfant de développer ses ***ressources motrices**** : coordination, dissociation des différentes parties du corps, contrôle des actions (force, amplitude, direction)	une centration sur la cible ou sur une performance à atteindre (lancer loin ou/et haut) sans prise en compte de l'organisation corporelle (comment l'enfant s'y prend pour lancer : il décale ses appuis, il fléchit ses bras et ses jambes pour prendre de l'élan, il augmente son amplitude, etc.) ni de l'adaptation aux différents contextes (la façon de lancer change s'il faut lancer un ballon par-dessus un filet ou dans un carton, par exemple)
des pratiques qui permettent aux enfants de réussir en utilisant leurs propres procédures, en évoluant à leur rythme	des pratiques fermées ou la recherche d'une technique uniforme : par exemple, lancer uniquement à bras cassé (le projectile est tenu en arrière du corps, bras fléchi comme le lancer du poids en athlétisme)

Niveau de classe PS-MS

Programme

- **Objectifs :** agir dans l'espace, dans la durée et sur les objets.
- **Attendus :** sauter, courir, lancer de différentes façons, dans des espaces et avec des matériels variés, dans un but précis.

Ce que les élèves vont apprendre durant ce module

– Lancer en adaptant ses mouvements en fonction du projectile et de la cible.
– Verbaliser ses actions en utilisant le vocabulaire spatial.

Organisation Classe entière, répartition en ateliers.

Nombre de séances 6 à 8 séances de 30 à 40 minutes.

Matériel

- Cibles : cartons de différentes tailles, cibles verticales, paniers (corbeilles à papier), corde, tapis, cerceaux, bouteilles en plastique vides, pics en bois ou plots pointus.
- Projectiles : paires de chaussettes, sacs de graines, balles ou ballons qui rebondissent, cartons de différentes tailles, anneaux…
- Des cordelettes ou tapis de sol pour délimiter l'espace.

Vidéos pour l'enseignant « Apprendre à lancer et à viser ».

Précisions sur le matériel et le déroulement

L'enfant se développe en s'adaptant à son environnement. Ici, c'est essentiellement le matériel qui induit certaines réponses motrices plutôt que les injonctions (consignes) de l'enseignant : à cet âge la technique ne peut pas être imposée, chaque enfant évoluera selon son propre rythme. Le matériel utilisé va cependant induire l'usage de certaines techniques. Par exemple :

- Lancer des petites balles sur des cibles verticales incite à lancer à bras cassé ou en cuillère.
- Lancer des anneaux qui doivent atterrir sur des pics ou plots incite à lancer l'objet comme un frisbee, pour qu'il reste à plat, ou à deux mains devant soi, en poussant l'objet à plat.
- Lancer de gros ballons ou gros cartons par-dessus un fil incite à s'organiser autrement pour prendre de l'élan : se tourner de côté, plier les jambes, les décaler, augmenter l'amplitude des mouvements.

La réflexion en amont sur le choix du matériel et des espaces proposés est donc fondamentale. Un enfant qui ne réussit pas n'est pas responsable de cet échec, c'est à l'enseignant de s'adapter pour qu'il puisse réussir et progresser, prendre du plaisir et recommencer.

Ainsi, à l'école maternelle, il est incontournable de :

- Proposer aux élèves différents types d'objets, le plus diversifiés possible, tant au niveau de la taille que du poids, mode de saisie, forme : balles, ballons, sacs de graines, petits et gros cartons, cerceaux, bouchons, assiettes en carton, foulards…
- Permettre aux enfants de diversifier leurs lancers en fonction de :
  - la distance (de près à de plus en plus loin) ;
  - la taille ou forme ou hauteur des cibles ;
  - la force, ou puissance, sollicitée ;
  - l'enjeu (lancer pour faire tomber des objets - faire rouler dessus, dessous un banc par exemple ou entre des objets - mettre dans un panier - toucher une cible - suivre une trajectoire - faire sonner une clochette - choisir son objet pour réaliser un score en GS…).

Ce qu'il faut savoir

Les lancers font partie des activités athlétiques. Au cycle 1, il s'agit aussi de développer les ressources des élèves afin qu'ils réussissent à lancer des objets variés dans différents contextes : jeux collectifs, jeux de précision… Ce qui est visé est l'***adaptabilité motrice**** des enfants, c'est-à-dire qu'ils doivent pouvoir peu à peu s'adapter aux situations nouvelles qu'ils rencontrent.
Cette action motrice est fondamentale et se retrouve dans les activités athlétiques, certains jeux collectifs ou de précision, la gymnastique rythmique, le cirque, et quelques autres pratiques. Il ne s'agira donc pas de se centrer uniquement sur la recherche d'une performance à atteindre puis à dépasser (lancer plus loin ou plus

haut) même si l'atteinte de la cible – c'est-à-dire la réussite – est importante pour les enfants qui devront expérimenter puis s'entrainer pour progresser. L'enseignant sera très attentif aux procédures et stratégies utilisées par les élèves pour s'adapter à la fois au projectile et à la cible. Pour ne pas aboutir à un classement des élèves selon la performance atteinte, l'usage de critères d'observation qualitatifs doit être privilégié (voir tableau ci-dessous).

Évaluation des réussites et des progrès

Deux éléments pourront être pris en compte :

- L'évaluation pourra aisément s'appuyer sur la performance réalisée, c'est-à-dire la distance ou la hauteur franchie, la cible visée. Des repères visuels précis seront mis en place (couleurs, lignes, plots) pour que les élèves puissent eux-mêmes identifier l'effet de leur action.
- Par ailleurs, cet intérêt porté à la performance sera couplé à une observation des procédures mises en œuvre. Ces procédures seront observées par l'enseignant et partagées entre les élèves lors des mises en commun.

Critères d'observation	Indicateurs de progrès
Adapter son geste et la trajectoire créée au projectile et à la cible.	Pour lancer par-dessus un fil, lâcher le ballon très haut, et pour lancer une balle dans un jeu de bowling, lâcher au contraire très bas et loin devant.
Adapter l'amplitude de ses mouvements au projectile et à la cible.	Lancer des objets plus lourds ou encombrants, avec de l'élan, en se tournant de côté par exemple, ou en pliant les jambes et en les décalant.

Phase 1

Découverte du lancer, situation de référence

2 ou 3 séances de 40 minutes.

Pour donner du sens à cette pratique, le module présenté ici comporte comme situation de référence un jeu de déménagement d'objets avec une phase de lancer. Les enfants déménagent des objets variés en forme et en poids d'un endroit à un autre et doivent, pour les ranger en fin de parcours, les lancer dans des caisses plus ou moins éloignées d'une certaine limite à ne pas dépasser.

Ce jeu sera proposé régulièrement au cours de l'entrée en activité pour permettre aux enfants de visualiser leurs progrès et de trouver les moyens, avec l'aide de l'enseignant, de s'améliorer : par exemple, il faut s'entrainer pour pouvoir atteindre plus régulièrement les caisses car certains objets tombent à côté, certaines caisses sont loin, certains objets sont plus lourds que d'autres, certaines caisses sont plus petites et plus difficiles à viser. Ainsi, les ilots proposés dans cette séquence trouvent ici un sens pour les élèves : **ils vont apprendre et s'entrainer à lancer pour progresser dans le jeu.**

Entrée dans l'activité : Jeu du déménagement

Une dizaine de minutes.

Règles du jeu :

- au signal, prendre un ou des objets disposés sur le gros tapis rouge ;
- se déplacer jusqu'à la limite des cordelettes avec son ou ses objets ;
- ranger les objets dans les cartons sans dépasser la limite.

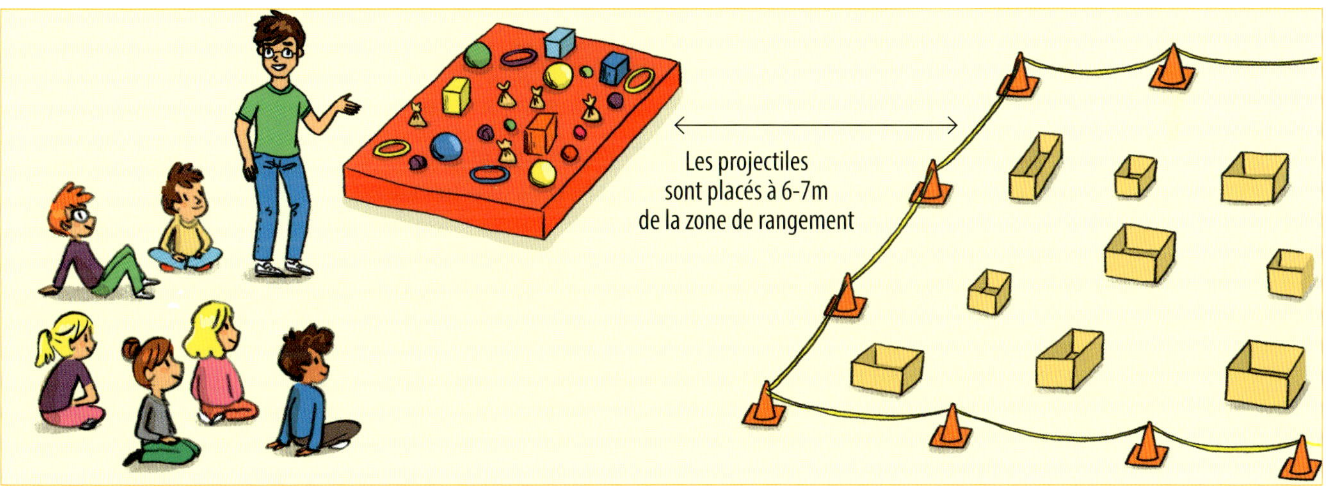

1 Vous allez jouer à un nouveau jeu. Regardez bien, il va falloir déménager tous les objets posés sur le gros tapis rouge et aller les ranger dans les cartons que j'ai placés derrière les lignes de cordelettes. Attention ! Vous devez rester derrière cette ligne, vous ne devez pas dépasser les cordelettes *(les montrer)* ! Si certains objets tombent à côté des cartons, comme cela, ce n'est pas grave, vous les laissez là où ils sont et vous continuez à jouer.

Quand je frappe dans les mains, le jeu démarre. Il se termine quand il n'y a plus d'objets sur le tapis. Le but est qu'à la fin du jeu, il y ait le plus d'objets possible dans les cartons !

2 Les joueurs, placez-vous tout autour du tapis rouge, attention « clap » c'est parti !

Précisions sur le déroulement

- Organiser une phase de regroupement après un premier temps de jeu. D'abord, valoriser les enfants pour avoir réussi à ranger des objets dans les cartons, leur demander comment ils ont procédé pour ne pas dépasser la ligne et ce qui leur a paru difficile. Par exemple:

  Annabelle, j'ai vu que tu as réussi à mettre un sac de graines dans le carton le plus éloigné de la ligne, comment as-tu fait ? Je vois aussi qu'il y a de nombreux objets par terre, entre les cartons. Julien, peux-tu me dire pourquoi certains objets ne sont pas dans les cartons ? Et que pouvez-vous faire pour qu'il y ait moins d'objets par terre la prochaine fois ?

  Ces questions permettront petit à petit de mettre l'accent sur l'objectif du module : apprendre à lancer de façon précise en s'adaptant à l'objet et à la cible.

- La première séance du module – voire la deuxième aussi – peut être consacrée uniquement à ce jeu, le temps que les enfants s'approprient les règles et en comprennent l'enjeu. Peu à peu, les différentes stratégies possibles et les problèmes posés par le jeu seront évoqués et mis en lien avec ce qu'il va falloir apprendre.

- Comme toute situation de référence, ce jeu sera proposé régulièrement pour mettre en avant les progrès et faire des liens avec les ateliers de lancer proposés.

Exemples de formulations des savoirs par l'enseignant

Pour ranger les objets dans les cartons :

- je peux les déposer dans les cartons qui sont tout près de la ligne, mais je peux aussi les lancer dans les cartons qui sont plus loin ;
- je peux aussi déplacer un ou plusieurs objets à la fois, mais si j'en ai deux, je les lance un par un pour bien viser !

Les lanceurs fous

30 minutes.

Après avoir suffisamment expérimenté le jeu, l'enseignant propose des ateliers pour que les enfants apprennent à lancer des objets de forme, taille et poids différents en visant des cibles plus ou moins éloignées.

La première fois, l'enseignant met en place le matériel tout en parlant aux enfants et en nommant les objets. Nous partons ici du principe qu'il n'y a pas d'ATSEM et que le matériel ne peut pas être installé en amont.

1 Je vous ai apporté plein d'objets et de cibles pour apprendre à lancer. J'installe le matériel, regardez bien ce que je dépose. Ici, je dépose des petites balles molles, un tapis bleu par terre qui sera la limite à ne pas franchir, et plus loin plusieurs cartons. Ici, je dépose des paires de chaussettes derrière le tapis bleu, et sur cette table j'empile des cubes de mousse, je fais une pyramide ! Ici, je pose une caisse avec de gros ballons, juste devant ce drap qui est suspendu. Et ici, je pose des sacs de graines derrière le tapis bleu et de l'autre côté des cerceaux, de plus en plus loin.

2 Les enfants, j'ai disposé tout le matériel pour apprendre à lancer, à quatre endroits différents. Pour commencer, vous allez chercher tout ce que vous pouvez faire à chaque endroit avec le matériel. Vous devez à chaque fois vous placer sur le tapis bleu pour lancer. Quand vous n'avez plus d'objet à lancer, vous pouvez aller les ramasser, je vous aiderai.

Thomas, veux-tu expliquer aux copains ce qu'il faut faire pour être sûr que tout le monde ait bien compris ?

3 Nous sommes regroupés ici car, en vous observant, j'ai remarqué que certains enfants réussissent très bien à lancer les ballons par-dessus le drap. Je vais donc leur demander de nous montrer et de nous expliquer comment ils ont fait.

Théo et Zeina, venez prendre un ballon pour nous montrer. Vas-y, Théo, tu peux commencer. Bravo ! le ballon est passé par-dessus. Maintenant à toi Zeina. Ah, tu n'as pas réussi cette fois, ce n'est pas grave, c'est difficile de lancer le ballon par-dessus le drap, tu peux essayer à nouveau. Bravo ! Alors pouvez-vous nous dire comment vous faites pour réussir à lancer si haut ?

Précisions sur le déroulement

- **L'installation du matériel :** bien souvent, l'éducation physique se déroule dans le hall de l'école ou dans une salle à laquelle l'enseignant n'a pas accès avant le début de la séance. Le matériel pour les ateliers sera installé après l'entrée en activité (jeu du déménagement), en présence des enfants. Au début du module, l'enseignant procède à l'installation seul, en énumérant le matériel utilisé au fur et à mesure, en explicitant ce qu'il met en place et pourquoi. Cela permet aux enfants de se faire une première représentation de la pratique proposée.
  Ensuite, il est tout à fait possible de permettre aux enfants d'installer le matériel : dans ce cas, cela sera organisé pour durer 5 minutes au maximum. Pour éviter de perdre trop de temps, la prise en photo des ateliers mis en place permet aux enfants d'identifier le matériel nécessaire et de commencer à le positionner dans l'espace. Différents petits groupes sont constitués et sont responsables d'un atelier. L'enseignant peut alors aider les enfants à valider l'installation grâce à la photo. Cela fait partie de la séance d'éducation physique.
  Le rangement peut s'effectuer de la même façon, en donnant des missions précises aux différents groupes. Ainsi, l'impossibilité de tout installer avant, ou l'absence d'ATSEM, n'est pas un obstacle mais peut être vue comme une occasion d'apprendre et de donner du sens à l'activité des élèves.

- Pendant cette première phase, les enfants vont être focalisés sur les objets à lancer et la découverte de nouvelles situations. De ce fait, l'organisation ne doit pas être un frein à la pratique, les enfants sont libres d'aller où ils veulent :
  – Certains vont lancer leur objet et aller directement le chercher.
  – Certains vont changer tout le temps d'atelier, aller d'un atelier à l'autre.
  – Certains vont apprécier un atelier et rester sur celui-ci.

  Il faut donc veiller à ce que les projectiles soient légers et ne fassent pas mal si quelqu'un les reçoit sur le corps. Il n'est pas pertinent que les enfants passent leur temps à attendre leur tour, à ne pas pouvoir bouger, ou à lancer un par un. Il doit y avoir suffisamment de matériel pour que plusieurs enfants puissent lancer en même temps et pour que chacun puisse s'exercer suffisamment : en une séance, un enfant devrait pouvoir lancer en tout une quarantaine de fois, sinon les progrès seront difficilement envisageables. L'organisation ne doit pas primer sur la quantité d'actions motrices.

Vidéo : 1 s à 37 s

Vidéo : 1 min 16 à la fin

- La mise en place de certaines règles de fonctionnement sera progressive et impliquera les enfants en fonction des évènements vécus, par exemple :
  – Avant de changer d'atelier, je remets les objets lancés dans le cerceau de départ.
  – Si la cible a bougé, je peux la remettre à sa place.
  – S'il y a des copains qui ramassent les objets, j'attends qu'ils aient fini avant de lancer.
  L'enseignant ne peut donc pas imposer des règles de fonctionnement rigides du type : on attend son tour pour lancer ; on se place en colonne ; on va chercher son objet tous ensemble au signal.

- Lors du regroupement, les observations de l'enseignant faites pendant le temps d'activité sont utilisées pour mutualiser les procédures.

Exemples de conduites typiques pour l'atelier « lancer un ballon au-dessus du fil » :

Lancer par le bas, le ballon tenu à deux mains, et plier beaucoup les jambes pour pousser fort.

Tenir le ballon à deux mains en prenant de l'élan de côté, en se tournant, et en décalant ses appuis pour lancer.

Envoyer par le haut, en tenant le ballon à deux mains et en prenant un élan en plaçant les bras derrière la tête.

Sauter en lançant. Ce n'est pas forcément efficace mais cela montre la volonté de lancer plus fort en mettant en œuvre un mouvement explosif.

Demander aux enfants de dire comment ils font pour lancer si haut. Selon le vocabulaire employé, l'enseignant reformulera pour utiliser les mots adaptés ou alors pour compléter et apporter des éléments de vocabulaire. Celui-ci sera répété en phase d'institutionnalisation pour reformuler les savoirs.

- Ces deux ou trois premières séances de découverte des lancers permettent d'appréhender le fonctionnement par ateliers, le matériel et les cibles à atteindre. Les élèves pourront aussi découvrir peu à peu, lors des mises en commun, différentes procédures pour lancer. Certains enfants les réinvestiront, alors que d'autres continueront à lancer selon leur propre technique. Il faut laisser du temps aux enfants, ce n'est pas à l'enseignant d'imposer des techniques.

Exemples de formulations des savoirs

- Nous avons appris à lancer haut le gros ballon. Pour cela, il faut prendre de l'élan. On peut plier les jambes pour pousser fort en lançant par le bas, ou prendre de l'élan sur le côté. À chaque fois, les mains lâchent le ballon très haut pour qu'il passe par-dessus le fil.
- Pour que les sacs de graines arrivent dans les cerceaux et que les balles arrivent dans les cartons, il faut les lancer doucement et essayer de lancer en cloche comme l'avait montré Colette ! On peut commencer à viser les cerceaux ou les cartons les plus proches et petit à petit essayer de viser ceux qui sont plus loin.
- Pour réussir à faire écrouler la pyramide de cubes de mousse, il faut tirer assez fort et tout droit ! On peut prendre de l'élan en décalant les pieds sur le tapis et en pliant les jambes avant de lancer.

Phase 2

On explore et on s'entraine pour progresser

4 à 6 séances de 30 minutes.

Entrée dans l'activité : jeu du déménagement

10 minutes.

Mise en avant des progrès selon les observations réalisées, par exemple :

Rappelez-vous, la semaine dernière, nous avions compté 15 objets tombés au sol, à côté des cartons. Aujourd'hui, vous avez bien mieux réussi, c'est très bien, il n'y en a plus que 8 par terre. Par contre, Léa nous a fait remarquer que ce sont les petites balles qui sont très souvent par terre, il va donc falloir qu'on s'entraine encore pour réussir à mieux viser. J'ai remarqué aussi qu'il y a plus d'enfants qui essaient de viser les cartons les plus éloignés, bravo, car vous réussissez souvent !

Les champions du lancer

20 minutes.

1 Alors, aujourd'hui, vous allez vous entrainer pour apprendre à lancer haut et à mieux viser. Comme ça, vous arriverez encore mieux à jouer au jeu du déménagement. Cette fois, j'ai installé 4 ateliers un peu différents de ceux que vous connaissez, il faudra tous les essayer. Je vais vous répartir en quatre groupes, chacun sur un atelier, quand je vous le dirai, vous changerez d'atelier.

2 **Premier atelier :** il y a des cartons de toutes sortes à lancer par-dessus le drap.

Deuxième atelier : il y a des balles molles à envoyer dans des caisses. Certaines sont près de la ligne, d'autres sont plus loin.

Troisième atelier : il y a des ballons qu'il va falloir envoyer sur le tapis vert. Attention car il y a le mur juste derrière !

Quatrième atelier : c'est le bowling ! Il s'agira de faire tomber toutes les quilles ! Ensuite, vous replacez les quilles pour rejouer.

Maintenant je vais appeler les enfants pour chaque atelier.

Précisions sur le matériel et le déroulement

- Dans cette phase 2, les enfants sont incités à effectuer toutes les tâches proposées (pour rappel, lors de la phase 1, ils choisissent les ateliers comme ils veulent). Des consignes de fonctionnement sont donc progressivement mises en place pour que chacun puisse tout essayer, par exemple : *rester sur son atelier avant le signal donné par l'enseignant, ranger son atelier avant d'en changer.*
  L'enseignant repère alors les procédures et les besoins, ce qui lui permet de cibler les axes de travail prioritaires pour chaque enfant. Les procédures vont progressivement se stabiliser, les progrès de chacun sont alors verbalisés.
- Les enfants s'essaient à deux ateliers de lancer par séance, durant deux périodes de 10 minutes environ. Les consignes ne sont pas explicitement données car le matériel va induire les réponses motrices, et les mises en commun permettront aux enfants de mieux cerner les attentes si besoin et de découvrir différentes façons de procéder.
- Les différents ateliers proposés sont conçus pour que chacun puisse réussir à son niveau et effectuer des choix :
  – **Atelier 1 :** Le drap suspendu sur un fil n'est pas horizontal, donc les enfants pourront se déplacer pour essayer de lancer plus haut ou plus bas, selon le carton choisi.

– **Atelier 2 :** Les caisses sont placées à différentes distances de la limite (tapis bleu) et elles sont de tailles différentes. On peut donc choisir de lancer les balles dans un espace proche mais précisément (caisse petite), ou plus loin mais de façon moins précise (caisse plus grande).

– **Atelier 3 :** On proposera des ballons plus ou moins gonflés ou rebondissants. Pour que le ballon reste sur le tapis et ne revienne pas, le rebond contre le mur doit être évité. Le tapis sera légèrement surélevé pour limiter ce rebond.

– **Atelier 4, le bowling :** Les enfants lancent à plusieurs donc la réussite sera collective. Ils pourront viser d'abord les quilles les plus proches puis viser les quilles les plus lointaines et les plus dispersées.

Lancer les balles sur le tapis, le plus près possible du mur

Vidéo : 30 s à 47 s

Renverser les quilles

Vidéo : 48 s à 1 min 15

- Des phases de regroupement seront organisées. Exemples de questions à poser :

Théo et Khaled, venez nous montrer comment vous avez fait pour faire tomber les quilles. Vas-y Théo, tu peux commencer. Les autres, comment fait Théo pour réussir à bien viser les quilles ?

Peu à peu, des repères seront donnés aux élèves pour les aider à progresser.
Pour lancer le carton par-dessus le fil, il faut :

- se reculer par rapport au fil, donc ne pas se mettre en dessous ;
- prendre le carton à deux mains et prendre de l'élan au-dessus de la tête, entre les jambes ou sur le côté ;
- plier les jambes et pousser fort au moment où on lance ;
- viser le fil avec les bras quand on lâche le carton.

Pour viser dans les caisses, il faut :

- lancer doucement et regarder la caisse qu'on vise ;
- prendre son temps ;
- lancer en cloche pour que la balle tombe pile dans la caisse !

Pour que le ballon arrive sur le tapis, il faut :

- ne pas le lancer trop fort pour éviter le rebond contre le mur ;
- le lancer à deux mains ou le faire rouler.

Pour faire tomber toutes les quilles, il faut :

- lancer au ras du sol ou faire rouler les balles ;
- bien regarder les quilles pour les viser et lancer droit ;
- lancer assez fort pour les faire tomber.

Exemples de formulations des savoirs

- Pour réussir à faire tomber toutes les quilles, il faut être concentré et bien regarder les quilles.
- Ensuite on lance la balle au ras du sol, assez fort pour qu'elle fasse tomber les quilles.
- Quand il reste 2 ou 3 quilles, on peut les resserrer pour que ce soit plus facile de les viser en même temps.

Adaptation possible pour une classe de GS

Les ateliers de lancer sont souvent mis en œuvre au cycle 1. Il faut alors veiller à ne pas concevoir les mêmes situations durant les trois années. Les tâches proposées et les objectifs définis seront pertinents s'ils sont en lien avec une pratique culturelle. Ici, les élèves ont appris à lancer et à viser pour s'améliorer au jeu du déménagement. Les ateliers permettent donc de viser des objets différents dans des cibles variées. La précision est requise.
La même démarche pourrait être proposée pour les GS en partant d'un jeu de bowling ou de pétanque qui serait mené en parallèle des ateliers pour apprendre à viser en faisant rouler l'objet ; ces ateliers serviraient ainsi à s'entrainer pour progresser dans le jeu. En voici trois exemples :

Atelier 1 Par deux, vous devez faire tomber les 6 quilles avec 1 ballon en mousse en vous faisant des passes pour faire rouler la balle au sol.

Atelier 2 Vous allez envoyer les balles dans les cerceaux. Attention ! Ce sont des balles rebondissantes, elles ne doivent pas sortir des cerceaux.

Atelier 3 À vous d'atteindre la cible avec un ballon en mousse.
Vous avez 5 essais.

Ce que nous avons appris en éducation physique

Objectif : Lancer en adaptant ses mouvements en fonction du projectile et de la cible.

Votre enfant. . . . . parvient à lancer de gros ballons très haut en prenant de l'élan avec ses jambes.

Votre enfant. . . . . parvient à changer sa façon de lancer en fonction de la cible : il lance par le haut, par le bas et même en prenant un élan sur le côté quand il lance de gros objets.

4 Jeux d'orientation

Les jeux d'orientation développés dans ce module permettent aux élèves d'apprendre à se repérer dans un espace connu (la cour) à partir des ***éléments remarquables**** (le banc, les jeux, la porte d'entrée…).

LES JEUX D'ORIENTATION	
Ce qu'ils sont	**Ce qu'ils ne doivent pas être**
un module organisé autour d'un jeu de référence et d'un objectif spécifique	une succession de jeux différents à chaque séance
un module où chaque situation permet aux élèves de confronter la réalité à une représentation (photo, maquette, plan, carte)	des situations d'observation de l'environnement mais sans représentation du réel
un module qui permet aux élèves d'agir en autonomie, pendant des moments de plus en plus longs, dans un milieu sécurisé et sous la responsabilité d'un adulte qui n'intervient que pour des problèmes de sécurité	un module où les enfants sont toujours avec un adulte sous contrôle visuel
des pratiques qui permettent aux enfants de réussir en utilisant leurs propres procédures, en réalisant des choix : choix dans l'ordre des balises, dans l'itinéraire à emprunter	des ***pratiques fermées**** où la réponse attendue est unique : un seul chemin est possible, par exemple

Niveau de classe PS-MS

- **Objectifs :** adapter ses équilibres et ses déplacements à des environnements ou des contraintes variés.
- **Attendus :** se déplacer avec aisance dans des environnements variés, naturels ou aménagés.

Ce que les élèves vont apprendre durant ce module

– Se repérer dans un espace connu à partir des éléments remarquables.
– Utiliser de façon adaptée et à bon escient le vocabulaire spatial.

Organisation Classe entière, travail en binômes.

Nombre de séances 6 à 9 séances de 40 minutes.

- Des photos des éléments de la cour (une quinzaine).
- Des gommettes.
- 4 boites
- Les doudous de la classe.

Vidéo pour l'enseignant « Jeux d'orientation ».

Ce qu'il faut savoir

- Les courses d'orientation en éducation physique permettent aux enfants **d'apprendre à prélever des indices pertinents afin de mettre un lieu, un parcours en lien avec une carte, un plan, des photos.** Les enfants acquièrent de plus en plus d'autonomie dans leurs déplacements et apprennent à se repérer dans l'espace. Ces pratiques contribuent à accroitre leurs ***ressources motrices****, cognitives et affectives.

- À l'école maternelle, les enfants vont progressivement être amenés à identifier des éléments remarquables de leur environnement proche, familier, principalement la classe, l'école, la cour de récréation, pour s'y repérer. Ils seront clairement caractérisés, montrés et nommés pour faciliter leur appropriation. Ils serviront de repères pendant les séances. Ces repères sont isolés et se détachent de l'environnement : par exemple un banc, le portail, un arbre dans la cour, une rampe d'escalier. C'est à partir de ces repères que l'enseignant va mettre en œuvre des jeux, des parcours, pour que les enfants apprennent à faire le lien entre la réalité et sa représentation à partir d'une photo, d'une maquette, d'un plan, d'une carte.
- Nous conseillons à l'enseignant de s'appuyer le plus possible sur des photos pour aider les enfants à se repérer ; en effet, à cet âge, l'enfant n'a recours que très progressivement à des images mentales pour se représenter un objet absent.
Les enfants de PS prélèvent avant tout des informations dans leur espace proche jusqu'à trouver ce qu'ils cherchent. Certains ne regarderont que très brièvement la photo, s'attardant plutôt à chercher visuellement l'objet ou l'indice à rapporter.
Les enfants de MS ou de GS commencent par prélever des indices sur leur photo ; ils peuvent ainsi anticiper beaucoup mieux leur déplacement et se diriger plus rapidement à l'endroit auquel ils pensent.
En PS, l'enfant perçoit les objets par rapport à lui et commence à les situer les uns par rapport aux autres. **Les activités de repérage lui permettent d'apprendre à structurer son espace proche et à mémoriser peu à peu les éléments qui l'entourent.**
La construction et le recours à des maquettes pourront s'envisager à partir de la GS selon le vécu et les compétences des élèves.
- Les stratégies utilisées par chacun sont variées, **la réussite dépend ainsi de la pertinence de la stratégie utilisée mais aussi du niveau d'attention mobilisée** : certains enfants abandonnent très vite leur recherche s'ils ne réussissent pas pour suivre un copain ou faire autre chose, alors que d'autres seront plus longtemps concentrés sur la tâche. La prise en compte des capacités d'attention et l'observation des stratégies est essentielle pour concevoir/mettre en œuvre les séances et adapter au mieux les tâches, les différencier, en fonction des besoins constatés.

Règles du jeu de référence

- Le module est organisé autour d'un jeu « le cache-cache des gommettes » qui sera proposé plusieurs fois pour observer les progrès.
Il s'agit d'un parcours photo que les élèves devront réaliser par binôme.
Chaque binôme dispose d'une feuille sur laquelle sont représentées 4 photos avec des cases vides à côté (*cf.* exemple ci-contre).
Le but du jeu est de remplir sa grille avec des gommettes trouvées à l'endroit représenté sur les photos.
À chaque endroit photographié, une petite planche de gommettes – différentes à chaque lieu – est accrochée ; la planche n'est pas cachée mais visible quand l'élève est à 2 ou 3 mètres du lieu. Les élèves prennent une gommette et la collent dans la case vide à côté de la photo.

Chaque binôme doit donc remplir sa grille dans l'ordre qui lui convient. Cela autorise différentes stratégies.

Voici des exemples de stratégies possibles :
– certains vont essayer à tout prix de trouver le lieu de la première photo ;
– certains vont se promener et regarder un peu partout, en espérant trouver les endroits photographiés ;
– certains vont se séparer, car ils ne seront pas d'accord, et revenir vers l'enseignant ;
– certains vont suivre les autres groupes.

- Si besoin, il est possible de proposer cette tâche sous forme de parcours en étoile la première fois, c'est-à-dire en donnant les photos une à une. Cependant, moins il y a de photos, plus la tâche est fermée, donc plus les élèves risquent d'être en échec par manque de choix et de ne pas pouvoir développer de stratégies variées. Par ailleurs, quand les enfants ont plusieurs photos à identifier, ils peuvent choisir de commencer par celle qui leur semble la plus facile à trouver, ce qui renforce l'estime de soi.

Évaluation des réussites et des progrès

L'enseignant va évaluer et signifier les progrès des élèves lors du jeu présenté ci-dessus, qui sera proposé régulièrement sous une forme identique toutes les 2 ou 3 séances. Le but est le même pour tous les élèves mais les procédures pour y arriver seront multiples, ce qui laissera la possibilité à chacun de choisir sa propre stratégie, d'en changer si besoin et de progresser.

Critères d'observation	Indicateurs de progrès
Connaitre des éléments remarquables.	L'élève s'y rend et les nomme.
Faire le lien entre le terrain et les photos.	L'élève repère les éléments remarquables visibles et les situe dans l'espace.
Anticiper son déplacement.	L'élève identifie/verbalise le chemin à emprunter ou la balise à atteindre.
Coopérer avec son camarade.	Les élèves restent à deux quand cela est nécessaire, ils partagent les informations (photos, gommettes).

Phase 1

Où sont les doudous ?

1 ou 2 séances de 40 minutes.

Une première activité peut être proposée aux enfants afin de les sensibiliser à l'observation de leur environnement proche. Celle-ci peut durer une ou deux séances si besoin, notamment dans le cas d'une classe de PS ou d'un module qui aurait lieu en début d'année en MS.

Lors d'un regroupement, l'enseignant découvre un message avec les élèves puis leur lit :

Bonjour les enfants,
Nous sommes partis jouer à cachecache.
Avec les photos, vous pouvez voir où nous sommes.
Saurez-vous nous retrouver ?
Signé : Les doudous de la classe.

Un moment langagier va servir à identifier les énonciateurs du message, à lire à la classe le message, à verbaliser la situation (les doudous sont cachés dans la cour et donnent des indices pour les trouver avec les photos) et donc à motiver les enfants à entrer dans le jeu. Les consignes du jeu sont données en classe.

1

Les élèves sont en regroupement dans la classe.

Vous allez être par deux pour essayer de trouver la cachette des doudous.

Je vous donne 4 photos des doudous dans la cour *(nommer les doudous)*. Regardez bien ces photos, vous allez devoir retrouver les 4 doudous dans la cour.

2

Chaque doudou a une boite devant lui. Quand vous le trouvez, vous mettez sa photo dans la boite *(donner un ou plusieurs exemples en laissant parler les enfants)*. Il faudra bien regarder la photo pour ne pas se tromper.

3 Maintenant, vous allez chercher les doudous dans la cour. Attention, pour que tout le monde puisse chercher, surtout, vous laissez les doudous à leur place. Quand vous avez déposé toutes les photos dans les boites, vous revenez vite vers moi.

4

À la suite de ce jeu, l'enseignant réunit tous les enfants et, ensemble, ils vont récupérer les boites et les doudous. À chaque lieu découvert, une phase de verbalisation est mise en œuvre pour faire le lien entre la réalité et la photo. C'est l'occasion d'utiliser le vocabulaire du matériel ou des emplacements spécifiques à la cour de récréation (par exemple : le toboggan / la gouttière / la fenêtre du dortoir / le banc), ainsi que le vocabulaire spatial (à côté de / entre / dessous / derrière).

Emmy, comment as-tu su que l'ourson était ici ? *Il y a une échelle sur la photo et on voit le toboggan.* Oui, tu as raison Emmy, effectivement vous voyez sur la photo une échelle *(la montrer)*, et derrière l'échelle une partie du toboggan ! Donc Emmy est venue jusqu'au toboggan, a regardé sur l'échelle et a trouvé l'ourson. Bravo !

Phase 2

Découverte du jeu « le cachecache des gommettes »

2 ou 3 séances de 40 minutes.

Entrée dans l'activité : promenade à deux

Environ 10 minutes.

1 Vous allez être par deux. Le but du jeu est de suivre son copain qui va se promener dans la cour, en marchant, et qui va essayer de se promener partout. Vous devez prendre exactement le même chemin ! Par exemple, Lou est avec Samuel, c'est Samuel qui commence à se promener et Lou qui le suit.

Vidéo : 1 min 39 à 2 min 13

Vous allez essayer et nous montrer.

Attention, quand je secoue les grelots comme ceci (♫) vous devez tous revenir vers moi, et ensuite vous changerez de rôle.

2 Très bien, vous avez compris, et vous êtes vite revenus vers moi quand vous avez entendu les grelots. Les autres, vous avez vu ? Samuel a marché jusqu'au portail, il est passé derrière le toboggan, entre les arbres, il a tourné autour du banc et il est revenu. Maintenant, je vais vous dire qui va se promener avec qui et vous allez pouvoir commencer.

Au cours du module, le parcours pourra être réalisé en trottinant pour ceux qui le souhaitent. Les élèves de MS (ou de PS après quelques séances) pourront faire le parcours en différé : le premier élève réalise son parcours (jusqu'au son des grelots, de 30 secondes à une minute selon la complexité du terrain) et quand il a fini, le second élève doit alors refaire le parcours, sous les yeux du premier qui valide ou non le chemin emprunté.

Observer puis réaliser le chemin emprunté par son partenaire

Vidéo : 2 min 14 à la fin

Découverte du jeu « le cachecache des gommettes »

30 minutes.

1 Maintenant, nous allons jouer au jeu dont nous avons parlé avant la récréation. Vous allez être par deux. Je donne une feuille à chaque groupe sur laquelle il y a une photo. Attention, les photos sont toutes différentes. Ce sont des photos de la cour de récréation.

Vidéo : 1 s à 1 min 38

2

Vous devez chercher ensemble l'endroit que montre la photo. J'ai déposé une planche de gommettes à cet endroit-là. Dès que vous avez trouvé l'endroit, vous prenez une gommette et une seule et vous la collez sur votre feuille. Ensuite, vous revenez vers moi.

3

Pendant que les élèves jouent, l'enseignant reste à sa place et observe la façon dont s'y prennent les élèves pour trouver le bon endroit.

Tom et Lola, c'est bien vous avez trouvé l'arbre qui est sur la photo et vous avez collé la bonne gommette au bon endroit. Je vous donne une nouvelle photo. À vous de chercher !

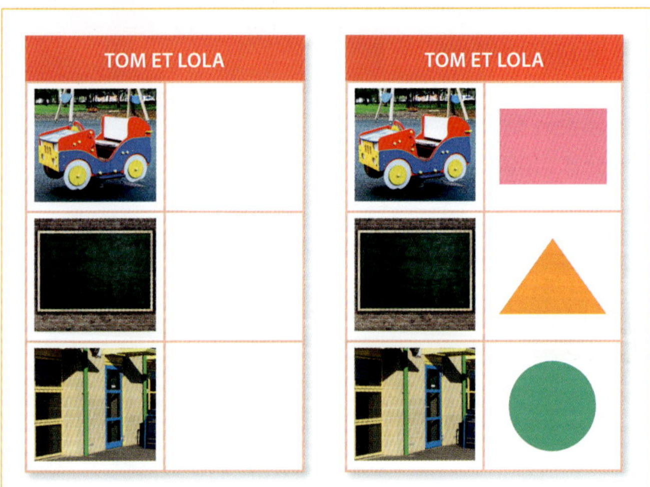

4

Bravo ! vous avez tous réussi à trouver l'endroit indiqué sur votre photo. Maintenant que vous avez compris le jeu, nous allons rejouer mais attention, cette fois-ci ça va être plus difficile, je vous donne une nouvelle feuille avec 3 photos différentes. Vous essayez, toujours en restant par deux, de trouver les trois endroits. Quand vous êtes surs d'être au bon endroit, vous collez la gommette à côté de la photo qui représente l'endroit où vous êtes. Vous revenez vers moi quand vous avez tout trouvé, ou alors quand vous entendez les grelots.

5

À l'issue du jeu, l'enseignant organise une mise en commun.

Le jeu est fini. Tout le monde est revenu, et chaque groupe a réussi à trouver au moins deux endroits indiqués. C'est très bien. Alors, voici une photo. Qui avait cette photo ? Vous pensez que c'est quel endroit ?

(L'enseignant choisit Leila et Julien qui sont les seuls à avoir trouvé l'endroit.)

Et les autres, oui, Baptiste et Yohan, vous avez eu la même photo, avez-vous trouvé ? Qu'est-ce qui a été difficile ? *(L'enseignant amène les enfants à répondre sans se déplacer.)*

Précisions sur le déroulement

- La première phase du jeu (première séance) est proposée sous forme de parcours en étoile, c'est-à-dire que les enfants reviennent valider leur photo et leur gommette une à une. En cas d'erreur, ils peuvent repartir chercher le bon endroit (avec étayage ou non) et, en cas de réussite, l'enseignant leur donne une nouvelle photo. Ainsi l'enseignant peut vérifier la bonne compréhension des consignes de fonctionnement (coller la gommette au bon endroit et revenir quand on a fini ou au signal).

- Dans ce jeu, le but est bien défini mais les élèves procèdent comme ils veulent pour trouver les endroits représentés sur les photos. La toute première photo fournie aux enfants devra être prise avec un angle large pour faciliter l'identification de l'endroit.

- Au cours de la séance suivante, il s'agira de rejouer en essayant de mettre en œuvre les procédures proposées pour identifier des éléments remarquables et se repérer. De plus, certains élèves pourront partir directement avec la planche de 3 photos, ce qui augmentera la complexité de la tâche et leur donnera plus de choix.

- Pour une douzaine de binômes, soit 24 élèves, l'enseignant peut prévoir au total une quinzaine de photos prises dans la cour. Cela permet aux différents groupes de ne pas tous aller au même endroit. L'enseignant pourra alors repérer les groupes qui en suivent d'autres sans regarder leur propre photo. De plus, les élèves ne procèdent pas tous ni dans le même ordre (si plusieurs photos) ni avec la même vitesse pour réaliser la tâche, il leur est donc peu possible de se suivre pendant la durée du jeu. Nous conseillons toutefois à l'enseignant de réaliser un tableau général dans lequel il notera à chaque fois quel groupe a travaillé sur quelles photos, afin de pouvoir les réutiliser plusieurs fois. Ce tableau lui sert aussi de fiche récapitulative pour valider les réponses des élèves.

GROUPES	PHOTO 1 	PHOTO 2 	PHOTO 3 	...
Tom et Lola	X		X	/
Leila et Julien		X	/	
Zeina et Loida	X	X	/	X
...				

Exemple de tableau à construire pour suivre les binômes.

Un code peut être mis en place pour faciliter la lecture : ici, l'enseignant trace un trait oblique (/) quand il a donné la photo au groupe (il sait donc que Leila et julien sont en train de chercher la photo 3), et le transforme en croix (X) quand la réponse est validée.

De fait, il identifie facilement pour chaque groupe ceux qui auraient besoin de mieux identifier un élément remarquable. Par exemple, Leila et Julien n'ont pas trouvé l'endroit correspondant à la photo 3 depuis plusieurs minutes, un étayage peut être nécessaire maintenant ou lors de la séance suivante pour les aider à identifier les indices pertinents et sur ***l'élément remarquable****. L'enseignant peut les questionner pour les aider à percevoir les indices utiles, il peut aussi organiser une mise en commun avec un autre binôme pour favoriser les échanges, ou encore leur donner une photo du même endroit moins zoomée pour faire apparaitre plus d'indices (voir p. 89).

- Lors de ce jeu, l'enseignant observe les élèves en activité et peut aussi intervenir auprès de certains binômes. Par exemple, pour certains enfants qui ne trouvent pas, ne savent pas où aller, se séparent, ne collent pas la gommette, jouent à autre chose, l'étayage peut s'avérer pertinent. L'enseignant identifie les indices prélevés par les élèves sur les photos, grâce à la verbalisation, pour comprendre comment ils procèdent.
Exemple d'étayage pour aider ceux qui en ont besoin :
Zeina et Loida, vous ne trouvez pas ? Regardez bien votre photo, dites-moi ce que vous voyez ? *Une porte.* Oui Hugo, tu vois une porte vitrée mais il y en a plusieurs dans la cour. Est-ce que tu sais où il y a des portes comme celle-là ? *Il y en a trois.* Oui tu as raison, il y en a trois. Alors Léa maintenant dis-moi si tu vois d'autres choses sur la photo qui pourraient t'aider à trouver la porte vers laquelle il faut aller ? Oui, tu vois la couleur verte des deux poteaux, c'est la classe de Madame Toillon. Très bien, regardez la cour maintenant, à votre avis, où devez-vous aller ?

Voici quelques repères, procédures pour aider les élèves à progresser.
Pour retrouver un endroit pris en photo, il faut :
– repérer l'élément principal, remarquable, photographié (exemple : un banc) ;
– faire appel à sa mémoire pour éventuellement le situer dans la réalité (c'est le banc qui est à côté du toboggan !) ;
– observer les éléments autour de l'élément remarquable sur la photo, surtout si cet élément est en plusieurs exemplaires dans la réalité (je sais que c'est le banc près du toboggan car je vois sur la photo que juste derrière il y a le portail qui amène à la cour de l'école des grands, et je vois aussi un petit bout du toboggan).

- Organiser une phase de mise en commun à la fin de la séance permet de faire le point sur la réussite et les procédures. Dans l'exemple donné (voir étape 5 page 86), l'enseignant s'appuie sur la réussite de deux élèves qui ont été les seuls sur 4 groupes à identifier un lieu. L'enseignant pourrait, de la même façon, et après observation des stratégies mises en place, demander à deux ou trois groupes d'expliquer aux autres comment ils font pour identifier l'endroit représenté sur une photo.

Exemples de formulations des savoirs

- Nous avons appris à nous repérer dans la cour en utilisant des photos.
- Il faut bien regarder la photo pour ne pas se tromper, avant de partir !
- Parfois, un seul élément ne suffit pas pour retrouver le lieu.

On s'entraine pour progresser

3 ou 4 séances de 40 minutes.

Durant cette phase, le jeu découvert en phase 2 sera à nouveau proposé une ou deux fois, afin de signifier les progrès des élèves. L'espace investi pourra être agrandi peu à peu : par exemple, en utilisant la cour et ses recoins, ainsi que le hall de l'école. Les enfants évolueront en autonomie de plus en plus loin de l'enseignant et celui-ci se placera au carrefour des espaces.

Parallèlement, l'enseignant proposera d'autres situations dans le but que les élèves apprennent à identifier les éléments remarquables et à maitriser le vocabulaire correspondant. Ces situations seront définies en fonction des réussites et des erreurs repérées. Elles peuvent être proposées sur une ou plusieurs séances selon les besoins.
Voici ci-dessous quelques exemples.

Annoncer son itinéraire

20 minutes.

Verbaliser son déplacement, repérer les éléments remarquables.

Cette situation peut être proposée pour les élèves qui partent trop vite, ou sans observer de façon précise leur photo.
Une dizaine de nouveaux lieux dans la cour ont été repérés et pris en photo. À chaque lieu correspondent 2 ou 3 photos prises avec des plans plus ou moins larges. Les gros plans seront plus difficiles à identifier et nécessiteront une observation plus fine. L'enseignant donne une photo à chaque binôme (avec un plan plus ou moins large selon les ressources des élèves), qui doit retrouver le lieu photographié pour y récupérer une gommette spécifique. Ensuite, les élèves la collent sur leur carton et viennent valider leur réponse auprès de l'enseignant.

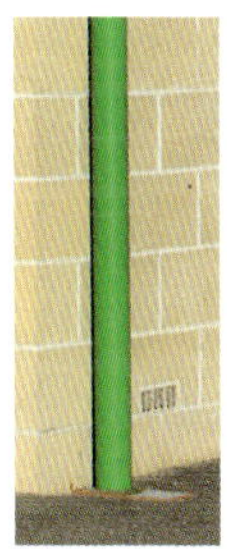

L'enseignant, comme pour la phase 1 du module, dispose d'un tableau à double entrée avec le nom des binômes en ligne, le numéro et la signification des photos ainsi que la gommette correspondante en colonne. Il indique pour chaque groupe la photo donnée et valide les réussites. Avant d'effectuer la tâche, les élèves doivent dire à l'enseignant ce qu'ils voient sur la photo et où ils vont aller. L'enseignant aide à formuler les indications. Cela permet d'analyser la lecture des informations verbalisées par les élèves et leur connaissance de l'environnement. Par exemple pour la photo de gauche :
« Je vois la porte vitrée bleue de la classe des grands, c'est le poteau à côté de cette classe. »
Ce moment de verbalisation peut être réalisé avant que les élèves effectuent la tâche pour les plus fragiles ou les plus jeunes, ou bien une fois qu'ils sont revenus : il s'agit par exemple pour les MS de dire par où ils sont passés pour rejoindre l'endroit photographié.
En cas d'erreur, une nouvelle phase de verbalisation avec le binôme concerné est proposée, ou alors une autre photo avec un plan moins large du même endroit est donnée.

Parcours guidé

15 minutes.

Observer son environnement proche et mémoriser le vocabulaire.

Cette situation peut être proposée pour enrichir ou réinvestir le vocabulaire spécifique. Elle permet aussi de développer la mémorisation puisque la consigne est uniquement verbale et peut être simple comme complexe.
L'enseignant se place dans un endroit central par rapport à l'espace de jeu. Les enfants n'ont plus de photo. Il s'agit ici de donner une consigne orale aux enfants afin qu'ils se dirigent vers l'endroit décrit et qu'ils apportent à l'enseignant une preuve de leur passage, par exemple une gommette ou un objet qui a été déposé (brique de construction, par exemple).

Une quinzaine de lieux ont été préalablement repérés par l'enseignant qui y a déposé une planche de gommettes ou des briques de construction de couleurs différentes. Les élèves répartis en binômes disposent d'un carton avec des cases pour coller leurs gommettes ou d'un petit panier pour mettre les briques de construction.

Eliot et Marie, vous allez dans le hall de l'école, à côté de la porte du bureau de la directrice et vous rapportez la gommette que vous trouverez.

L'enseignant, comme pour le jeu « Le cachecache des gommettes », dispose d'un tableau à double entrée pour savoir quelle consigne a été donnée à chaque binôme, suivre leur progression ou au contraire repérer les difficultés. Il pourra alors tout de suite vérifier si les élèves sont allés au bon endroit ou pas. En cas d'erreur, il pourra selon les cas :

- redonner la même consigne pour que les élèves recommencent ;
- indiquer en plus une direction de départ ;
- demander aux élèves par où ils sont passés pour se rendre à l'endroit indiqué ;
- donner des indices supplémentaires, par exemple : Vous deviez aller dans le hall de l'école, vous savez, là où il y a vos portemanteaux !

Parcours jalonné

15 minutes.

Observer son environnement proche en suivant un itinéraire imposé et utiliser le vocabulaire spécifique.

Cette situation peut être proposée pour développer l'observation de l'environnement, enrichir le vocabulaire des enfants ou développer la mémorisation.
Dans la cour, deux parcours fermés ont été tracés avec de la rubalise suspendue régulièrement à des éléments de la cour, ou avec des plots posés au sol. Il doit y en avoir suffisamment pour que les élèves puissent identifier le parcours à suivre.
Le long de ces parcours, les doudous ont été disposés auprès d'éléments remarquables. Ils sont visibles depuis le chemin mais se situent à 3 ou 4 mètres.

J'ai tracé un parcours dans la cour. Vous allez le suivre. Attention, tout au long du parours, vous devez retrouver 3 doudous !
Si vous suivez bien le parcours tracé avec les plots, vous les verrez, il faut bien regarder autour de vous et vous souvenir de là où vous les avez vus.
Quand vous aurez fini le parcours et que vous serez revenus vers moi, vous me direz où vous avez vu les doudous.

Les élèves sont par deux ; la moitié de la classe est sur le parcours rouge, l'autre moitié sur le parcours bleu et ils inverseront ensuite. Cela permet de ne pas avoir tous les enfants au même endroit. Sur chaque parcours, le départ peut aussi être décalé de 20-30 secondes entre chaque groupe.

À la fin du parcours, l'enseignant demande à chaque binôme de dire où sont posés les doudous. On peut attendre des MS qu'ils commencent à utiliser le vocabulaire du positionnement pour situer les objets les uns par rapport aux autres : entre, sur, sous, à côté de, derrière, etc.

Exemples de réponses possibles :

- l'élève se tourne et montre du doigt : « J'en ai vu un là » ;
- l'élève a vu les doudous mais il ne parvient pas à dire les mots attendus qui correspondent aux éléments remarquables : « J'ai vu l'ours, il est sur… vers euh… » ;
- l'élève n'a pas vu tous les doudous ou alors ne se souvient pas de l'emplacement des trois ;
- l'élève répond en donnant le terme exact mais sans être précis : par exemple « il est vers le banc », alors qu'il est sous le banc.

Dans tous les cas, l'enseignant va aider les élèves à verbaliser la position exacte des doudous. Il s'appuie sur leurs propos, questionne les deux élèves pour compléter leur réponse, voire d'autres binômes si besoin. Il peut demander aussi à certains groupes de refaire le parcours s'ils ne sont pas surs de leur réponse ou s'ils ont oublié un doudou.

Exemples de formulations des savoirs par l'enseignant

À la fin du jeu, les parcours peuvent être réalisés tous ensemble et, à chaque arrêt, l'enseignant et les élèves reformulent ensemble les savoirs :

- La girafe est à côté du portail de la cour, sous la boite aux lettres. Le crocodile est sous le toboggan de la cour des petits.
- Pour aller à la porte des grandes sections à partir du toboggan, on peut passer devant le banc ou entre la balançoire et la marelle.

Adaptation possible pour une classe de GS

- En GS, les enfants vont être capables de se repérer peu à peu avec des plans construits par l'enseignant. Ces plans permettront de situer les principaux éléments remarquables que les élèves connaissent déjà. Les éléments pourront être imagés au départ car les symboles vont être difficiles à comprendre (tout symbole nécessite une légende, donc ils sont plutôt utilisés avec des enfants lecteurs).

- Le module sera organisé de la même façon, avec un jeu d'orientation qui revient régulièrement pour observer les progrès, et des situations spécifiques pour développer les ressources. Le jeu de référence proposera un parcours avec plan à l'appui et des points de passage obligés mais toujours une liberté dans le choix de l'itinéraire.
- Les situations spécifiques proposées aux PS pourront être reprises mais complexifiées. Par exemple, la situation dans laquelle les élèves observent le chemin d'un de leur camarade et le reproduisent ensuite pourrait être proposée avec verbalisation du chemin emprunté : les enfants sont répartis par binômes, l'un a les yeux cachés par un foulard pendant que l'autre parcourt le chemin qu'il veut. Puis ce dernier explique à son camarade par où il doit passer pour prendre exactement le même chemin que lui. L'enfant retire alors le foulard et parcourt le chemin indiqué par son partenaire qui vérifie l'exactitude de son trajet.
- Les exigences en termes de développement du langage seront bien plus poussées. On peut imaginer la même démarche avec des objets cachés : un enfant cache un objet et explique ensuite à son camarade où il l'a caché, voire par où il faut passer pour aller le chercher à l'aide d'un plan fourni par l'enseignant. Le repérage sur plan nécessitera à un moment donné d'apprendre à tenir et à orienter son plan dans l'espace, par exemple pour effectuer un itinéraire tracé imposé ou prévoir son déplacement afin de se rendre à plusieurs endroits.
- Enfin, il est tout à fait possible à l'issue du module de réaliser une sortie pour aller jouer en dehors de l'enceinte de l'école, dans un espace sécurisé, dans un parc municipal par exemple.

Ce que nous avons appris en éducation physique

Objectif : Se repérer dans un espace connu (la cour) à partir des éléments remarquables (le banc, les jeux, la porte d'entrée…).

- Nous avons appris à nous repérer dans la cour en utilisant des photos.
- Il faut bien regarder la photo pour ne pas se tromper, avant de partir !
- Parfois, un seul élément ne suffit pas pour retrouver le lieu.

Votre enfant...................... a su repérer des indices pertinents pour se repérer dans la cour.

Votre enfant...................... réussit à présent à réaliser un parcours avec son camarade, à le mémoriser et à l'expliquer aux autres élèves.

Il parvient maintenant à se repérer dans la cour et à définir la position du toboggan et du banc par rapport au portail.

5 Course rapide
À vos marques... prêts... partez !

Dans ce module de course rapide, les enfants vont apprendre à partir vite en adaptant leur posture de départ.

LES JEUX DE COURSE RAPIDE	
Ce qu'ils sont	Ce qu'ils ne doivent pas être
un module organisé autour d'un jeu principal et ciblé selon des apprentissages précis	une succession de jeux sans lien les uns avec les autres : situations de course rapide, de parcours, de course avec obstacles ou avec des distances qui changent souvent
un jeu principal et des situations spécifiques pour progresser dans le jeu	un module dans lequel les élèves ne font que jouer au même jeu
un moyen pour permettre à l'enfant de développer ses ***ressources*** notamment motrices : coordination globale, vitesse	une centration sur la victoire et sur la performance

Niveau de classe MS-GS

- **Objectif :** agir dans l'espace, dans la durée, sur les objets.
- **Attendus :** courir, sauter, lancer de différentes façons, dans des espaces et avec des matériels variés, dans un but précis.

Ce que les élèves vont apprendre durant ce module

– Courir vite selon un temps donné : s'organiser pour partir rapidement.
– Comprendre les consignes données.

Organisation Classe entière.

Nombre de séances 8 à 10 séances de 40 minutes.

Matériel

- Des zones de couleur tracées au sol à la craie, peinture (ou avec des plots de couleur).
- Des foulards.
- Des cordelettes.
- Des briques de construction de la couleur des zones ou autres objets pour objectiver la réussite, ainsi que des plateaux ou des petites boites pour les mettre.

Vidéo pour l'enseignant « Course rapide ».

Règles du jeu de référence

Le module est organisé autour d'une situation de référence, un jeu de course qui sera proposé aux élèves plusieurs fois pour observer les progrès et définir ce qu'il faut apprendre pour progresser.

- Les élèves sont dans la cour. Une ligne de départ est clairement délimitée (à la craie ou à la peinture), les enfants vont courir par deux, en ligne droite, pendant 4 secondes. Le but est d'aller le plus loin possible en 4 secondes. Le temps est, d'abord, compté tout haut par l'enseignant et les enfants. Ensuite, un sablier peut être construit, ou une courte musique diffusée, pour que le temps soit stabilisé, ce qui permettra d'apprécier au mieux les progrès en termes de performance. La distance parcourue est matérialisée par des zones de couleur (délimitées à la craie ou par des plots de couleur). Des enfants auront pour rôle de repérer dans quelle zone se situent les coureurs quand ils entendent « 4 ». La fonction de « ces juges-observateurs » garants du repérage de la performance, installés sur le côté, se construira peu à peu. Ils distribuent à chaque coureur, à la fin de sa course, une petite boite dans laquelle se trouve une brique de construction de la couleur de la zone atteinte, ce qui lui permet, après plusieurs courses, de voir ses progrès.

Voir la découverte du jeu de course p. 97.

Ce qu'il faut savoir

- Au cycle 1, les modules de course peuvent être organisés autour de la course rapide ou de la course avec obstacles. Des modules de « course longue » peuvent aussi être mis en place mais il faut savoir que les enfants modèrent difficilement leur allure et ne peuvent pas courir longtemps. Ils sont aussi, bien souvent, mal chaussés pour courir longtemps sur des surfaces bétonnées. Pour ce type de pratique (courir longtemps), il s'agira de proposer plutôt des jeux collectifs qui durent longtemps et dans lesquels les enfants courront, ou des parcours variés et longs en extérieur.
- Nous faisons le choix ici de ne traiter que la course rapide. Les ressources développées – et les objectifs – sont spécifiques à la pratique proposée et donc différents selon ce qu'on enseigne : la course rapide, la course longue ou la course d'obstacles.
- Un enfant au cycle 1 ne pourra maintenir une vitesse très rapide que sur 4 à 6 secondes (pour information, un adulte peut maintenir sa vitesse maximale pendant 7 secondes). Ensuite, la vitesse régresse. Les situations de course rapide devront donc être très courtes mais répétées, pour que les élèves progressent. Dans l'exemple proposé, les temps de course sont de 4 ou 5 secondes.
  Différents dispositifs ludiques seront mis en place pour inciter les enfants à courir vite, à se mettre rapidement en action et à courir jusqu'au bout. En effet, la course rapide peut vite devenir lassante car elle est une ***pratique très fermée**** et répétitive pour laquelle la prise de décision est minime.
- Le jeu de course proposé dans ce module est plus adapté aux enfants de cycle 1 que ceux, habituellement proposés, qui reposent sur le maintien à l'identique d'une certaine distance (par exemple, 8 m) tandis que le temps de course change. Les progrès sont alors difficiles à observer et à appréhender pour les élèves. En effet, les enfants n'ont pas encore les capacités pour comprendre que la même distance parcourue en 5 secondes ou 7 secondes signifie qu'ils courent plus ou moins vite. Ce rapport au temps n'est pas encore construit à cet âge. Dans le jeu proposé, les élèves identifient bien plus facilement la distance parcourue dans un temps donné grâce aux zones de couleur. C'est visible (contrairement au temps) : je vais plus loin en courant toujours pendant le même temps donc je progresse, je cours plus vite.

Évaluation des réussites et des progrès

Les progrès des élèves seront repérés lors du jeu principal qui sera proposé à plusieurs reprises. Les élèves pourront alors constater leurs progrès en performance. L'enseignant, grâce à son observation, pourra compléter les données par des critères qualitatifs sur les procédures utilisées par chacun pour courir vite.

Critères d'observation	Indicateurs de progrès
Performance	La distance parcourue par un élève dans un temps donné augmente au cours du module.
Capacité à partir vite	L'élève est attentif au signal et prend une posture adaptée.
Maintien de la vitesse	L'élève court jusqu'au bout sans ralentir et regarde devant lui.

Durant le module, les enfants feront certainement beaucoup de progrès, notamment en performance ; ces progrès ne seront généralement pas dus à une plus grande vitesse mais essentiellement à un départ plus rapide et efficace.

Phase 1 Découverte du jeu de course

2 séances de 40 minutes.

Entrée dans l'activité : courir en suivant le rythme du tambourin

Une dizaine de minutes.

Vous allez vous déplacer dans la cour en suivant le rythme du tambourin. Si je frappe le tambourin lentement, alors vous devez vous déplacer lentement et plus j'accélère, plus je vais vite, plus vous pouvez vous déplacer vite. Attention à ne pas vous bousculer ou vous cogner, écoutez bien le tambourin !

Suivre le rythme du tambourin

Vidéo : 1 s à 47 s

La mise en commun permettra de nommer et de préciser les différentes formes de déplacement : marcher / trottiner / courir vite en fonction du rythme du tambourin.

Présentation de la situation de référence aux élèves : le jeu de course

Une trentaine de minutes.

1 Nous allons jouer à un jeu de course pour apprendre à courir vite. Regardez ici, j'ai tracé une ligne de départ à la craie et un peu plus loin des zones au sol, de trois couleurs. Vous allez courir deux par deux, avec qui vous voulez. Je vais donner le départ en disant : « À vos marques, prêts, partez ! », vous ne devez pas partir avant. La course va durer 4 secondes, nous compterons les secondes ensemble tout haut, comme ceci : 1, 2, 3, 4 ! Le but du jeu sera d'arriver le plus loin possible en 4 secondes. Vous allez pouvoir essayer plusieurs fois.

2 Théo, Juliette et Mohamed vous êtes les juges d'arrivée. Vous vous placez ici, à côté des zones verte, rouge et bleue, pour dire aux coureurs dans quelle zone ils sont arrivés quand vous avez entendu le nombre 4 ! Vous devez être très attentifs !

3 Je vais donner le signal de départ. Lili et Tess, à vos marques, prêtes, partez ! 1..., 2..., 3... 4.

4 Théo, Juliette et Mohamed, quand on a dit « 4 », dans quelle zone était Lili ? Et Tess ? *Lili était dans la rouge, et Tess dans la verte.* Donnez à Lili et Tess une brique de la même couleur que leur zone d'arrivée, comme ça chacune se souviendra de ses essais.

Précisions sur le déroulement

- La distance entre la ligne de départ et les zones de couleur est établie en fonction des ressources des élèves. En tout cas, **la course ne doit pas durer plus de 5 ou 6 secondes**, afin de ne pas trop fatiguer les enfants ; mieux vaut répéter davantage les courses sur des distances plus courtes. L'enseignant pourra donc procéder par essai-erreur la première fois afin d'ajuster au mieux la distance. Si certains élèves atteignent systématiquement la zone d'arrivée la plus éloignée, il peut alors être décidé collectivement de tracer une nouvelle zone, pour repérer les progrès en performance.

Courir pour arriver le plus loin possible

Vidéo : 48 s à 1 min 23

- Dans ce jeu, le rôle des juges est important. Ils vont permettre aux élèves de repérer où ils arrivent. Ainsi, les élèves vont progressivement construire la relation entre le temps et l'espace : **je vais plus loin, c'est que je cours plus vite**. Pour certains enfants, cette relation est difficile à faire. Tous les élèves devront au moins une fois durant le module pouvoir expérimenter ce rôle de juge, mais, à chaque séance, ils doivent tous courir. Il est donc souhaitable de programmer une ou deux rotations pendant une séance. En tout cas, un élève ne peut pas rester juge pendant une séance complète, sauf en cas d'impossibilité de courir (bras dans le plâtre, etc.).

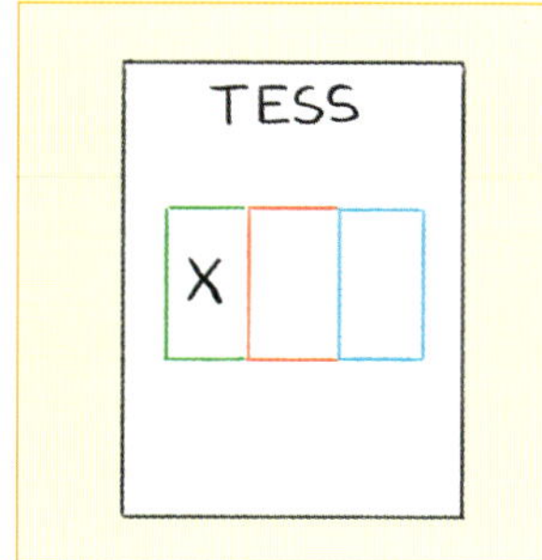

- Les élèves qui reçoivent les briques de couleur pourront matérialiser leurs réussites et leurs progrès. Ils pourront, en classe, écrire leur prénom sur une grande feuille et indiquer la meilleure zone qu'ils auront pu atteindre à chaque fois que le jeu sera proposé.

- Le jeu n'est pas présenté comme une course qu'il faut gagner. Le but est d'aller le plus loin possible, ce qui permet davantage de rendre compte des progrès ; si la situation de référence avait pour but de gagner la course, il y aurait toujours un gagnant et un perdant, et ce serait plus difficile d'expliquer à un enfant qu'il a progressé s'il a perdu ou s'il perd tout le temps. En revanche, des jeux où la victoire sera mise en avant pourront tout à fait être proposés ponctuellement en tant que situations d'apprentissage.

- L'entrée dans l'activité est essentielle pour apprendre à varier son allure, se concentrer sur la course et avoir un temps de pratique suffisamment important au cours de la séance. **À chaque séance, lors du jeu de course, les enfants devront pouvoir courir au moins 6 ou 7 fois.** Pour aller plus vite et limiter l'attente, il est possible de faire courir les enfants par 3 ou 4 à un moment donné, sans forcément relever les zones d'arrivée, mais pour qu'ils s'entrainent. Par exemple, tous les enfants font 3 ou 4 essais en courant par 4, et ensuite les zones d'arrivée seront repérées sur 2 essais seulement pour noter les performances.

Exemples de conduites typiques :
– l'élève ne part pas au signal mais une fois que son camarade est parti, certains ne partent même pas du tout ;
– certains ne courent pas droit, certains vont même se croiser (changer de côté) entre le début et la fin de la course ;
– l'élève ne s'arrête pas quand il entend 4, et continue à courir ;
– l'élève s'arrête de façon brusque quand il entend 4 ;
– l'élève se place accroupi au départ, « comme les champions » ;
– l'élève regarde l'enseignant ou le juge d'arrivée pendant la course.
Durant les premiers essais, les enfants vont expérimenter et faire comme ils le souhaitent pour courir vite. Les postures prises, les comportements observés vont être un point d'appui pour organiser les mises en commun et définir aussi des objectifs.

- Pendant le jeu de course, l'enseignant observe ses élèves pour signifier les réussites et définir des objectifs d'apprentissage, afin de proposer, ensuite, des situations d'apprentissage pour permettre à chacun de progresser (voir phase 2).
Il organise des moments de mise en commun.
Exemples de questions à poser lors de la mise en commun :
Comment faites-vous pour partir très vite ?
Est-ce que vous avez vu comment Johanna se prépare au début de la course pour partir vite ?
Est-ce que vous pensez que cela l'aide à courir plus vite ?
Que faites-vous lorsque vous entendez « 4 » ?

Peu à peu, des repères seront donnés aux élèves pour les aider à progresser.
Pour courir vite, il faut :
- être attentif au signal de départ ;
- adopter une posture permettant de partir vite : poids du corps en avant, appuis décalés et fléchis, regard dans la direction de la course ;
- courir droit ;
- courir jusqu'au bout des 4 secondes et donc ralentir après la zone d'arrivée.

Exemples de formulations des savoirs par l'enseignant

- Pour partir le plus vite possible, il faut bien écouter le signal de départ ! Plus on part vite, plus on pourra aller loin !
- Pour courir vite, il faut courir droit et regarder où on va.

Phase 2 On progresse !

6 à 8 séances de 40 minutes.

Entrée dans l'activité

5 à 10 minutes.

Même entrée que pour la phase précédente avec d'éventuelles évolutions pour que les enfants soient encore plus attentifs au signal.
Par exemple, l'enseignant prend un tambourin qu'il frappe en variant le tempo pour que les élèves adaptent la vitesse de leur course au rythme demandé. Mais quand il secoue les cymbalettes, les enfants doivent s'immobiliser le plus vite possible. Dès que le tambourin est à nouveau frappé, ils reprennent leur course.

Les situations d'apprentissage pour progresser au jeu de course

30 à 35 minutes.

Chat et souris : maintenir sa vitesse de course

Cette situation peut être proposée quand les élèves ralentissent avant d'entendre le nombre 4.
Nous allons jouer à un jeu de course-poursuite pour apprendre à courir vite jusqu'à la ligne d'arrivée ! Théo et Lydie, venez vers moi, vous allez montrer l'exemple pour que tout le monde comprenne. Théo tu te places ici, derrière la ligne verte de départ,

tu es la souris. Lydie, tu te places derrière Théo, derrière cette ligne bleue, tu es le chat *(les deux lignes de départ sont espacées de 2 m environ)*. Je vais donner le départ, comme d'habitude « À vos marques, prêts, partez ! » et là vous devez courir tous les deux jusqu'à la ligne rouge d'arrivée. Lydie, tu es le chat, tu vas essayer d'attraper la souris avant la ligne d'arrivée, et toi, Théo, tu es la souris, donc tu dois courir vite, vite, vite, pour ne pas te faire attraper par le chat !

Après la démonstration, qui peut aussi être renouvelée par un deuxième groupe de deux, les élèves vont pouvoir tous jouer plusieurs fois. Des groupes de deux seront placés côte à côte, et s'élanceront ensemble au signal de départ donné par l'enseignant. La ligne d'arrivée est placée à environ 8-10 mètres du départ.

Courir vite : Jeu de poursuite (chat et souris)

Vidéo : 1 min 24 à 2 min

Les élèves peuvent changer d'adversaire régulièrement.
La distance entre les deux adversaires peut aussi être modulée selon les ressources des enfants, ce qui permet de faire courir ensemble des MS avec des GS. Par exemple, si un élève moins rapide que les autres a le rôle de la souris, l'enseignant augmente la distance entre les 2 coureurs. L'enjeu de ce type de course est d'avoir le maximum d'incertitude quant à l'issue de la course, ce qui incite les enfants à courir vite jusqu'à la fin.

Exemple de conduites typiques qui nécessitent de la répétition pour être dépassées :
- la souris poursuivie se retourne en courant pour voir le chat ;
- le chat attend que la souris parte pour partir ;
- le chat et la souris continuent leur poursuite après la ligne d'arrivée ;
- un élève ne veut pas être souris ;
- le chat court avec les bras tendus en avant.

Varions les signaux de départ : être attentif au signal pour partir vite

Cette situation peut être proposée lorsque les enfants ne partent pas au signal de départ mais partent bien avant ou après, ou alors quand ils regardent sans cesse l'enseignant ce qui nuit à leur trajectoire de course.
L'enseignant va alors varier les signaux pour donner le départ afin d'attirer l'attention des coureurs et les inciter à se concentrer. Voici quelques exemples :

1 Vous allez courir par quatre : Juliette, Roméo, Ryan et Inès, par exemple. Attention, je vais donner le signal de départ, en frappant le tambourin, mais cette fois-ci je vais me placer derrière vous, vous ne pourrez plus me voir ! Il va falloir bien écouter pour entendre le signal et partir au bon moment.

2 Vous allez courir par deux. Maintenant, je vais me mettre derrière la ligne d'arrivée, vous pourrez me voir mais, cette fois-ci, je ne donne plus le signal avec ma voix. Je vais lancer le ballon en l'air et vous pourrez partir au moment où il touche le sol !

Vidéo : 2 min à la fin

3 Vous allez courir par deux. Maintenant, il va falloir être très concentrés ! Je me place derrière vous et je pose ma main sur votre épaule. Vous vous tenez prêts et vous ne pouvez partir que lorsque je retire ma main de votre épaule !

Exemples de formulations des savoirs par l'enseignant

- Pour partir vite, il faut être attentif au signal ! Cela veut dire qu'on ne bouge plus, on ouvre grand les oreilles, et on regarde la ligne d'arrivée pour être prêt à partir !

Changeons les positions de départ : partir vite

Cette situation peut être proposée pour apprendre à partir vite.
Elle permet d'expérimenter différentes positions pour prendre un départ rapide. Elle est pertinente à proposer quand les élèves, d'eux-mêmes, adoptent des postures « de champions » pour espérer courir plus vite.

1

Nous allons faire des courses par quatre, pour savoir quelles sont les positions de départ qui permettent de partir très vite. Vous allez prendre la position que vous voulez et ensuite on les comparera pour savoir lesquelles permettent de partir le plus vite.

2

Maintenant que vous avez testé votre position, vous allez en essayer d'autres pour comprendre celles qui permettent de partir vite. Je vous propose donc le jeu de course mais, cette fois, je vais vous demander de partir dans une position spéciale à chaque fois, tous la même ! Ça ne va pas être facile !! Allez, tout le monde assis en tailleur.

Différentes positions de départ vont ainsi être expérimentées par tous, ce qui nourrira ensuite la mise en commun : assis en tailleur, assis de dos, debout de dos pieds serrés, de face sur les pieds et mains au sol ; les positions prises par les enfants lors de la première course seront testées par l'ensemble des enfants.

Exemples de formulations des savoirs par l'enseignant

- Pour partir vite, il faut regarder en direction de la ligne d'arrivée, décaler ses jambes au sol et les plier un peu pour pouvoir pousser dessus au signal !

Attraper le foulard : courir vite jusqu'au bout

Cette situation peut être proposée pour inciter les élèves à courir vite jusqu'à l'arrivée et à regarder aussi devant eux.
Les enfants regardent souvent par terre ou à droite, à gauche, ce qui ne les aide pas pour courir vite et droit. La matérialisation de l'arrivée leur permet de se centrer sur ce but à atteindre.

Vous allez courir par deux. Le but va être de gagner la course ! Le gagnant sera celui qui réussira à attraper son foulard en premier.

Les courses à la victoire doivent permettre à tous les enfants de gagner à un moment donné. Il faut donc varier régulièrement les binômes afin que les perdants ne soient pas toujours les mêmes. Pour les élèves qui sont les plus lents ou qui réagissent le moins vite, l'enseignant peut tout à fait, dans ce type de situation, leur donner un avantage au départ, par exemple en partant un mètre devant leur adversaire. Tant que cela est expliqué aux enfants, ce sera très bien accepté.

Adaptation possible pour une classe de PS

- Tel qu'il est défini, ce module n'est pas adapté pour des élèves de PS, en raison de leurs capacités motrices. À cet âge, les enfants courent généralement toujours à la même vitesse, ils savent changer de direction, ils peuvent s'arrêter mais cela leur prend du temps. Leurs bras sont encore très équilibreurs et ont des mouvements peu coordonnés avec ceux des jambes, ils courent parfois avec les bras en l'air pour se rééquilibrer en permanence car ils ne vont pas droit. D'autres objectifs plus adaptés seront définis, par exemple :
  – identifier différentes formes de déplacement ;
  – occuper l'espace, en repérer les limites ;
  – s'orienter dans l'espace et éviter les collisions.
  – réagir au signal ;
  – différencier la marche de la course ;
- L'entrée dans l'activité peut être reprise.
- La course sera ensuite abordée au travers de jeux. L'enseignant peut proposer comme situation de référence le jeu des voitures : les élèves (qui font comme s'ils étaient au volant de leur voiture) courent dans l'espace de jeu, en empruntant les trajectoires qu'ils veulent, et au signal, ils doivent rentrer au garage. Celui-ci est matérialisé avec des cordelettes au sol ou par des traits à la craie. Lors des premiers essais, on peut leur donner un anneau dans les mains pour symboliser le volant.
- Différentes situations d'apprentissage pourront ensuite être mises en œuvre :
  – **Pour être attentif au signal et prendre en compte les trajectoires des autres :** courir dans tout l'espace et, au premier signal, s'arrêter (« Feu rouge ! ») ; à un autre signal, démarrer (« Feu vert ! ») ; et à un troisième signal (« À la maison ! »), aller se garer au parking ou au garage sans avoir d'accident.
  – **Pour apprendre à rejoindre le plus vite possible un espace défini,** proposer un jeu de chat : les enfants marchent en chantant pour questionner le chat (à la manière de « Loup y es-tu ») : « Monsieur le chat, es-tu là ? Chuuttttt… Monsieur le chat réveille-toi au bout de 3 : 1, 2, 3, tu ne nous attraperas pas ! » Le chat essaie d'attraper les souris avant qu'elles rentrent vite dans leur maison (symbolisée par des cordelettes).
  – **Pour apprendre à courir en regardant devant soi,** reprendre le jeu des voitures : les enfants imaginent qu'ils sont deux dans la voiture, un seul a un volant (l'anneau), l'autre est derrière (le premier court, l'autre le suit). L'espace peut aussi être aménagé avec des bancs, tapis… pour faire des chemins ou créer des obstacles. Les enfants sont par deux mais ils se déplacent tous ensemble dans l'espace de jeu et ne doivent pas avoir d'accident. Ils avancent, tournent, s'arrêtent au gré des évènements.

Ce que nous avons appris en éducation physique

Objectifs : Courir vite selon un temps donné ; s'organiser pour partir rapidement.

Votre enfant. . . . . a trouvé une position de départ qui lui permet de partir et de courir très vite lors des jeux de course. Il réussit à partir, quelle que soit la forme du signal donné.

Votre enfant. . . . . réussit à courir vite et droit en regardant devant lui. Il court jusqu'à la ligne d'arrivée sans ralentir. Il a réussi à attraper la souris plusieurs fois lors du jeu de course. Pour réussir, il part très vite, plus vite que la souris.

6

Danse

Création de la danse du sculpteur

La danse est une pratique artistique au cours de laquelle les élèves vont être amenés à créer et à interpréter leurs propres mouvements au regard d'un ***inducteur****, d'un fil directeur, qui va orienter leurs conduites tout au long du module jusqu'à la représentation finale.

LA DANSE À L'ÉCOLE	
Ce qu'elle est	**Ce qu'elle ne doit pas être**
une ***pratique ouverte**** qui permet à chacun, quelles que soient ses ressources, de s'exprimer, de créer	un ensemble de mouvements appris et intériorisés que l'on peut répéter à l'identique, ou un mime (par exemple faire comme un éléphant, un singe)
une pratique qui convoque les 3 rôles pour les élèves : danseur, chorégraphe et spectateur	une création entièrement construite par l'enseignant
une pratique insérée dans une démarche de projet, avec un aboutissement comme un spectacle devant d'autres classes ou devant les familles	un enseignement décontextualisé, ne prenant pas en compte la dimension « spectacle »
une construction chorégraphique mobilisant tous les élèves autour d'un projet, accompagnée de situations spécifiques pour progresser, développer ses ressources	une succession de tâches sans lien, sans référence à un projet chorégraphique
une pratique qui fait sens dès la première séance : des choix de mouvements et de procédés au service d'un inducteur (thème, poème, histoire ou autre).	des actions motrices qui ne font pas sens, mises bout à bout pour construire une ***chorégraphie****

Niveau de classe GS

Programme

- **Objectif :** communiquer avec les autres au travers d'actions à visée expressive ou artistique.
- **Attendu :** construire et conserver une séquence d'actions et de déplacements, en relation avec d'autres partenaires, avec ou sans support musical.

Ce que les élèves vont apprendre durant ce module :

– Construire une séquence d'actions en reproduisant des formes observées et en utilisant des ***relations entre danseurs**** avec et sans contact.
– Expliciter des choix, décrire des positions, des formes.

Organisation Classe entière.

Nombre de séances 9 ou 10 séances de 30 à 40 minutes.

Matériel

- Danse hongroise n°5 de Brahms.
- D'autres musiques selon les besoins : par exemple dans le répertoire de Yann Tiersen ou d'Émilie Simon, *To the dancers on the ice*.
- Matériel de diffusion audio.
- Tambourin.
- La reproduction d'œuvres de Giacometti (*L'Homme qui pointe / L'Homme qui marche*) et de Niki de Saint Phalle (*Les Trois Grâces / Les Baigneurs*).
- La reproduction de deux œuvres (statues) de Ghiorgo Zafiropulo.
- Vidéo : un extrait du spectacle *Movimenti*, du chorégraphe Angelo Vergari.
- Vidéo pour l'enseignant « Création de la danse du sculpteur ».

Ce qu'il faut savoir

- La démarche de création que l'on valorise dans les activités artistiques stimule l'imaginaire et permet de développer « ***l'intelligence sensible**** » des enfants, c'est-à-dire leur potentiel d'invention et leurs capacités d'expression. Par la découverte d'œuvres artistiques, la confrontation à la démarche de création et la réalisation d'un projet collectif, l'élève va pouvoir peu à peu construire son identité singulière et prendre conscience de son appartenance à un groupe. La danse suscite des interactions de coopération, un partage de procédures, de mouvements, d'idées.
  La danse est une activité de communication : les danseurs communiquent entre eux et avec un public pour exprimer des émotions, une idée, raconter une histoire, partager un moment.
  Pour l'enseignant, il s'agit alors de créer un univers qui favorisera la créativité de chacun. Les danseurs sont ainsi mis en situation de découvrir, d'expérimenter et d'affiner à partir d'inducteurs des actions motrices expressives. Danser ne peut se résumer à enchainer des actions motrices sans signification. Par exemple, demander aux enfants de tourner, de rouler ou d'occuper tout l'espace n'a pas de sens en soi. En revanche, leur demander de symboliser la feuille d'automne qui virevolte avec le vent dans une création sur l'automne amènera les enfants à tourner, à se déplacer mais avec une autre qualité car le danseur sait, au moment où il agit, ce que ses actions signifient. L'intention est tout à fait différente et le résultat observé aussi.

- À l'école et encore plus à la maternelle, les enfants vont être amenés à danser la plupart du temps en **improvisation guidée** : l'improvisation se déroule dans un cadre défini, selon des règles partagées : l'improvisation est donc bien à différencier de « je fais ce que je veux ou tout est possible ». Le processus importe alors plus que le résultat final. L'improvisation peut être à la fois utilisée comme procédé pour composer, au début de la démarche de création, mais elle fait aussi partie du spectacle puisqu'**entre 2 et 6 ans il est très difficile pour les enfants de reproduire à l'identique des phrases dansées.** Par contre, les enfants de cet âge ont des qualités en termes d'improvisation bien souvent remarquables, qu'ils peuvent perdre ensuite si elles ne sont pas sollicitées.

- La finalité de la danse est de présenter à un public l'aboutissement d'un projet. Il est indispensable qu'un module de danse se termine par une présentation devant un public.
  Les trois rôles inhérents à cette pratique (danseur, chorégraphe et spectateur) seront donc régulièrement vécus par tous les enfants au cours du module :
  – danseur, puisque l'action motrice est indispensable pour atteindre les objectifs

spécifiques, par exemple entrer en contact avec les autres, produire des formes corporelles signifiantes, développer son espace corporel ;
– spectateur parce que les différentes réponses possibles seront observées et partagées régulièrement ;
– chorégraphe puisque ce sont les mises en commun qui permettront d'orienter peu à peu les choix chorégraphiques.
Dans ce module, les élèves et l'enseignant vont progressivement construire une chorégraphie qui sera abordée à chaque séance. L'enseignant proposera une alternance entre la répétition de cette chorégraphie, sa poursuite et des situations décrochées ayant pour but d'enrichir cette chorégraphie.

Pour danser, trois conditions sont donc indispensables :
- avoir une intention, une idée à transmettre, qui sera possible par la proposition d'inducteur(s) et l'entrée dans une démarche de projet ;
- construire une chorégraphie, c'est-à-dire traduire et évoquer avec son corps ses intentions en faisant des choix parmi un ensemble de possibilités ;
- confronter la production à un public (parents, classe d'à côté, etc.).

Évaluation des réussites et des progrès

Indicateurs de progrès pour le projet présenté dans ce module :
- observer, mémoriser et reproduire corporellement une œuvre connue (sculpture de Giacometti) ;
- entrer en relation avec les autres élèves, avec et sans contact ;
- enchainer des actions motrices signifiantes, adaptées au scénario défini.

Phase 1 Mise en place et découverte du projet

1 ou 2 séances de 30 minutes.

Activité préalable, en classe : découverte de statues et écoute de la musique

10 minutes.

1 Nous allons apprendre à danser pour présenter ensuite un spectacle à la classe d'à côté. Je vais vous faire écouter la musique sur laquelle nous allons danser. Il s'agit de la danse hongroise n°5 de Brahms. Vous me direz ensuite à quoi vous pensez quand vous écoutez cette musique.

Les Trois Grâces

Les Baigneurs

2 Pour danser, nous allons nous inspirer d'œuvres d'art. Je vous ai apporté des photos. Que représentent ces deux photos ? *Des dames*. Que font-elles ? *Elles dansent*.

Ces photos représentent des statues. L'artiste qui les a sculptées s'appelle Niki de Saint Phalle.

L'Homme qui pointe L'Homme qui marche

3

Que représentent ces deux photos ?
Un homme. Il montre du doigt, il marche.
Ces photos représentent également une statue. L'artiste qui les a sculptées s'appelle Alberto Giacometti.

4 Regardez bien la position des bras et des jambes de ces statues.
Vous allez pouvoir essayer de reproduire certaines positions, en dansant : celles que vous voulez ! Attention, les statues ne bougent pas !

Précisions sur le déroulement

- Écouter s'apprend : on n'écoute pas de la même façon une histoire, une consigne, une comptine, un morceau musical. L'enseignant note sur une grande feuille les propositions justifiées des enfants. Il aide les enfants à évoquer leur ressenti, les différences de tempo, de rythme, d'intensité.

  Cette musique nous fait penser à […]. Au début, elle est rapide, ensuite, c'est plus lent et à nouveau plus rapide. Parfois la musique est forte et parfois elle est faible.

- La danse sera construite à partir d'œuvres artistiques connues – des sculptures – pour inviter les danseurs à entrer dans un musée vivant.
  L'enseignant présente aux élèves les reproductions des sculptures en théâtralisant et en parlant le moins possible. Les enfants vont réagir, il faut les laisser parler.

Entrée dans l'activité

5 à 10 minutes, une musique : danse hongroise n°5 de Brahms.

Pour entrer dans la danse, je vais mettre la musique que l'on a écoutée ce matin en classe, la danse hongroise. Vous aviez dit qu'elle vous faisait penser à […] *(reformuler rapidement les propositions écrites)* et qu'elle était parfois rapide, parfois plus lente, parfois forte, parfois faible. Maintenant, nous allons tous ensemble danser en écoutant bien la musique !

Précisions sur le déroulement

- Cette œuvre musicale a l'avantage d'être variée au niveau du tempo et du rythme. L'utilisation de cette musique comme inducteur lors de l'entrée dans l'activité, voire après, permettra aux enfants de repérer, au fil des séances, les différents passages musicaux, de pouvoir les anticiper et adapter leurs mouvements et déplacements. Pour la séance 1, la consigne à donner doit être très ouverte, elle vise juste à centrer l'attention de l'enfant sur le support musical.

Réponses possibles des enfants au premier essai :
– certains crient et sautent ;
– certains courent en cercle ;
– certains restent sur place et dansent ;
– certains vont au sol, se relèvent, créent beaucoup de déplacements ;
– certains regardent les autres danser mais ne dansent pas.
Ces différentes réponses mettent en lumière les préoccupations des enfants qui, à cet âge, aiment beaucoup danser mais ne contrôlent pas forcément leurs mouvements. Les émotions ressenties peuvent se traduire par du bruit, des cris, des gestes explosifs, ou au contraire une certaine inhibition. Il est probable que lors des premiers essais certains ne prennent pas en compte la musique et ses changements de rythme pourtant très significatifs. Cela se régulera peu à peu, au fil des répétitions, notamment par la construction de règles collectives.

- Selon les besoins, certaines consignes de fonctionnement seront donc décidées avec les enfants et rappelées régulièrement :

  – On danse avec son corps, pas avec sa bouche ! Pour pouvoir danser tous ensemble, il faut que chacun puisse entendre la musique !

  – Si vous avez besoin de parler, vous sortez de l'espace de danse, ou alors vous attendez la fin de la musique.

  – En attendant la musique vous devez être immobiles et attentifs !

- Par la répétition, les élèves porteront de plus en plus attention à la musique qu'ils connaitront mieux. Des arrêts, mouvements ralentis, accélérations émergeront selon les passages musicaux. Cette musique peut, au choix de l'enseignant et des élèves, être ensuite la musique support de la chorégraphie.

Danser et s'immobiliser comme une statue

20 minutes.

1

Vous allez danser pour commencer à préparer le spectacle qui sera présenté à la classe de Mme Durant, ce sera notre chorégraphie. Vous commencerez à danser dès que je mettrai la musique, vous pourrez danser tout seul ou à plusieurs. Quand je frapperai le tambourin comme ceci, vous arrêterez de danser et resterez immobile comme une statue, dans la position que vous voulez.

2

Bravo ! Quand j'ai frappé le tambourin, vous vous êtes tous transformés en statues. Certains ont mis un peu de temps pour s'arrêter, mais vous êtes tous restés immobiles. Vous allez recommencer une fois et ensuite nous prendrons le temps de regarder les statues que vous avez inventées.

3 Maintenant vous allez pouvoir regarder comment dansent vos camarades *(une moitié de la classe danse, l'autre est spectatrice)*, comment ils font les statues car il y a des positions très différentes.

Précisions sur le déroulement

- Durant cette première phase de découverte, les enfants dansent librement. Ils y prennent d'ailleurs beaucoup de plaisir. Ils ont comme seule contrainte de s'arrêter au moment où l'enseignant donne le signal. Dans un premier temps tout le monde s'arrête au même moment, ce qui permet aux enfants d'avoir un repère sonore (tambourin) et visuel si besoin (l'arrêt des autres enfants et même celui de l'enseignant qui peut danser avec eux).

Danser en étant attentif à la musique et en faisant la statue au son du tambourin

Vidéo : 1 s à 1 min 29

Voici quelques exemples de conduites typiques :
– certains observent les autres avant de danser car ils en ont besoin ;
– certains ne font que des postures de statue – ils sont très statiques et ne dansent pas entre deux – et en changent souvent ;
– certains dansent et s'arrêtent vite après le signal ;
– certains imitent leurs camarades ou suivent l'enseignant.

- Une phase de regroupement sera organisée après le premier temps d'exploration :

Qu'est-ce qu'une statue ? Qui peut nous dire ce qu'il a fait quand j'ai frappé le tambourin pour faire la statue ?

Exemple de réponses possibles :
– *Une statue ne bouge pas.*
– *On s'arrête vite pour ne plus bouger.*
– *On s'arrête et on attend.*
– *Moi j'ai fait comme ça* (l'enfant se lève pour montrer et l'enseignant aide à formuler les actions réalisées).

- Cette première phase d'exploration sera répétée plusieurs fois. Puis, le groupe sera scindé en deux, une moitié des élèves dansera, tandis que les autres seront spectateurs. Les rôles

seront ensuite inversés ; les élèves doivent pouvoir danser 4 ou 5 fois par séance.
La consigne suivante pourra être formulée :

Vous allez observer les danseurs pour savoir s'ils réussissent tous à faire une statue lorsque je frappe le tambourin, c'est-à-dire à s'arrêter là où ils sont et à rester immobiles.

Cette observation permettra de définir ce qu'il faut faire pour réussir, avec des exemples et contrexemples.

- L'enseignant, pendant ces deux ou trois premières séances, prend quelques photos d'élèves immobiles en position de statue pour faire le lien avec la phase 2.

- Conclure la séance :

Demain, nous danserons de nouveau. Nous continuerons à chercher différentes positions de statue pour construire petit à petit notre chorégraphie, c'est-à-dire le spectacle de danse que l'on montrera à la classe de Mme Durant.

Exemples de formulations des savoirs par l'enseignant

- Pour réussir à s'arrêter tous en même temps, il faut être attentif, bien écouter la musique pour entendre le signal du tambourin.
Il faut aussi s'arrêter rapidement, là où on se trouve.
- Paul nous a dit qu'on peut prendre la position que l'on veut, pourvu qu'on ne bouge pas !

Phase 2 Danser comme les statues de Giacometti et de Niki de Saint Phalle

2 ou 3 séances de 30 minutes.

Activité préalable, en classe : comparer des statues de Niki de Saint Phalle et de Giacometti

10 minutes.

1

En classe, l'enseignant montre aux enfants les photos prises pendant les séances de danse pour qu'ils se remémorent les savoirs verbalisés et évoquent ce que représentent ces postures pour eux :

Certains enfants ont réalisé des postures très grandes, étirées vers le haut ; d'autres ont réalisé des postures penchées, prêtes à tomber ; d'autres encore ont représenté des statues cassées, etc.

2 L'enseignant affiche ou vidéoprojette à nouveau les photos des 4 statues observées en phase 1. Il donne le nom des œuvres aux enfants : *Les Trois Grâces*, *Les Baigneurs*, *L'Homme qui pointe*, *L'Homme qui marche*.

Regardez bien la position de leurs bras et de leurs jambes, leurs couleurs, leurs postures. Quelles différences observez-vous ? *Cette statue est toute droite, celle-ci est ronde ; ces statues sont colorées, celles-ci n'ont pas de couleurs ; cette statue a le bras tendu, celle-ci a les bras pliés ; cette statue a les bras le long de son corps, celle-ci a les bras en l'air…* Ces photos montrent des représentations du corps différentes.

Précisions sur le déroulement

- L'enseignant fait comparer les postures des enfants en photo et celles des statues pour inciter les élèves à verbaliser ce que ces formes corporelles représentent pour eux.
  Exemples de comparaisons faites par les enfants :
  – *la statue de Julie ressemble à celle de l'homme qui marche car elle ne bouge que les bras et elle est toute droite ;*
  – *Joseph ressemble à la statue des* Trois Grâces *car il est sur un pied, par contre il bougeait, c'est difficile de faire la statue sur un pied sans bouger.*

- Les postures opposées seront un point d'appui à la construction chorégraphique tout au long du module. La comparaison des quatre statues permet de verbaliser les différences observées qui peuvent être d'ordres variés et de les réexploiter en dansant.
  Par exemple, les élèves remarquent que *Les Baigneurs* ou *Les Trois Grâces* sont des statues rondes, jambes et bras fléchis alors que *L'homme qui pointe* se tient droit, est très grand. On pourra alors envisager une chorégraphie par contraste où la moitié des danseurs du groupe, par exemple, produit une posture élancée et droite au signal de l'enseignant, tandis que l'autre moitié du groupe adopte une posture arrondie, fléchie. Après une phase d'exploration et de répétition, la mise en place de spectateurs observant alors les deux types de postures réalisées en même temps (ou successivement, les deux formules peuvent être expérimentées) permettra d'apprécier l'effet de contraste.

Entrée dans l'activité

Même situation que celle proposée en phase 1, p. 109.

Danser comme les statues des artistes

30 minutes.

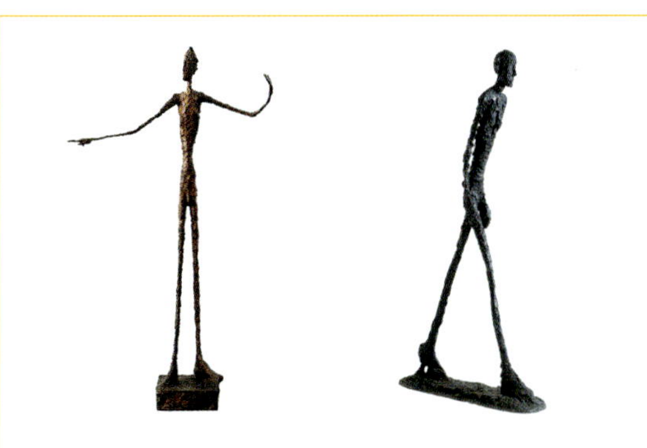

L'homme qui pointe — L'homme qui marche

1

Nous allons poursuivre la construction de notre chorégraphie. Rappelez-vous, nous avons observé en classe deux photos représentant les statues de Giacometti. Aujourd'hui, nous allons apprendre à danser en nous inspirant de ces statues. Pour vous aider, je vous ai rapporté les deux photos, je les ai accrochées ici. Quand je vous le dirai, vous irez tous vous placer dans l'espace de danse. Je mettrai la musique, vous pourrez alors danser, et quand je frapperai le tambourin, vous arrêterez de danser pour prendre la position d'une statue, celle que vous voulez.

2

Bravo ! vous vous êtes tous transformés en statue et je vois que vos statues ressemblent beaucoup à celles affichées. Nous allons recommencer.

Précisions sur le déroulement

- Les premières séances ont permis aux enfants d'entrer dans la danse, de danser et de s'immobiliser dans n'importe quelle posture. Durant cette deuxième phase, les enfants doivent imiter les postures des statues de Giacometti puis éventuellement s'en inspirer, à leur guise, selon les consignes. Ils dansent plusieurs fois et observent aussi leurs camarades.

Vidéo : 1 min 30 à 2 min

- La même tâche sera ensuite proposée à partir des sculptures de Niki de Saint Phalle. L'enseignant peut filmer les danses des enfants pour servir d'appui au bilan qui aura lieu en classe.

- Les phases de mise en commun s'appuient sur les observations des élèves ou sur le visionnage de vidéos ou photos. **Exemple de questions à poser :**

  Quelles différences observez-vous entre la première vidéo et la seconde ? Et comment savez-vous que, dans la première vidéo, les danseurs et danseuses imitent les statues de Giacometti, et dans la seconde, les statues de Niki de Saint Phalle ?

  Exemple de réponses possibles des enfants :

  – *Julie, elle fait la position de l'homme qui marche car elle est toute droite.*
  – *Oui, et elle a aussi un pied en avant, comme l'homme qui marche.*
  – *Arthur a fait comme les* Trois Grâces, *il fait comme ça !* (Il lève les bras.)

  L'enseignant aidera alors les élèves à reformuler les différences, en utilisant le vocabulaire spécifique : tout à fait, Julie a réalisé la statue de l'homme qui marche, qui est très élancée, droite et un peu penchée en avant. Arthur, lui, imite les *Trois Grâces* qui sont plus rondes, avec les bras en l'air et fléchis.

Des repères seront donnés aux élèves pour les aider à progresser.
Pour reproduire la position d'une statue, il faut :
– orienter son corps, le placer dans le même sens que celui de la statue ;
– repérer les parties du corps mobilisées (avant-bras, bras, main, tête, tronc, cuisse, jambe, pied) ;
– repérer le positionnement dans l'espace de ces parties du corps et les situer les unes par rapport aux autres : le bras est fléchi au-dessus de la tête, la jambe est tendue, posée devant soi.

- Quand les élèves ont pu identifier les contrastes entre les postures, l'enseignant peut proposer des situations spécifiques pour qu'ils s'entrainent à enchainer différentes postures, à interagir corporellement avec leurs camarades, ou alors à améliorer le contraste entre les postures.

Voici deux exemples de situations spécifiques (décrochées) que l'enseignant peut proposer pour aider les élèves à progresser :

Situation spécifique 1 : enchainer différentes postures

1 Je vais mettre une autre musique (Émilie Simon, *To the dancers on the ice*), cette fois-ci, vous n'allez faire que des statues, les unes après les autres : vous allez commencer par représenter uniquement des statues comme celles de Giacometti, donc elles sont plutôt grandes, fines, parfois penchées, retournées, comme vous l'avez dit. Pour vous aider, je prends le tambourin : à chaque fois que je frappe le tambourin, vous changez de posture.

Steeve et Léa, venez vers moi, vous allez nous montrer avant de le faire tous ensemble.

2 Steeve et Léa ont réussi à changer de posture à chaque fois que j'ai frappé le tambourin. Vous avez vu qu'on n'est pas obligé de changer complètement de position à chaque fois : on peut ne bouger qu'un bras ou que la tête, mais on peut aussi tout changer si on préfère. Alors, préparez-vous, nous allons essayer de faire comme eux.

La même situation peut ensuite être proposée pour illustrer les statues de Niki de Saint Phalle et enrichir ensuite les contrastes.

Situation spécifique 2 : interagir avec ses camarades, suivre le meneur de danse

Vous allez à nouveau danser mais, cette fois-ci, il n'y a pas de tambourin. Je vais désigner un élève parmi vous qui sera le chorégraphe. Le chorégraphe, c'est la personne qui choisit les mouvements que l'on va faire, qui décide de la statue à imiter. Quand tout le monde dansera, le chorégraphe pourra à tout moment décider de s'arrêter pour réaliser une statue de son choix, puis danser à nouveau.

Danser et reproduire une statue de Niki de Saint Phalle en même temps que le meneur de la danse (enfant désigné juste avant de commencer)

Vidéo : 2 min à la fin

Les autres, vous devrez alors essayer de vous arrêter en même temps que lui pour faire la même statue, puis repartir en même temps que lui. Pour le premier essai, le chorégraphe sera Paco.

Exemples de formulations des savoirs par l'enseignant

- Nous avons appris à faire la statue. Quand on danse, on peut faire faire comme les statues de Niki de Saint Phalle, il faut alors faire des statues rondes, avec les bras fléchis, les jambes fléchies, au sol ou en l'air. On peut faire aussi comme les statues de Giacometti, il faut alors se grandir, être très haut, allongé !

Phase 3

La danse du sculpteur

3 ou 4 séances de 40 minutes.

Activité préalable, en classe : visionnage d'une pièce chorégraphique

Vidéo, durée : 3 min 19

Durant cette dernière phase, les enfants et l'enseignant vont créer une histoire entre un sculpteur et sa statue. L'enseignant peut proposer le début du scénario dont les élèves pourront s'emparer afin d'imaginer puis de raconter la suite, en dansant.
Un exemple de pièce chorégraphique en lien avec la sculpture est montré aux élèves : un extrait du spectacle *Movimenti*, du chorégraphe Angelo Vergari. Le visionnage de cet extrait a pour but de donner du sens au module de danse, en montrant notamment la complémentarité des arts.
Cette vidéo montre des extraits d'une création qui rend hommage au sculpteur Ghiorgo Zafiropulo. Les danseurs redonnent vie aux statues de ce sculpteur, en sculptant les corps. Zafiropulo était un passionné de danse et travaillait beaucoup sur le corps de danseurs notamment. Cette chorégraphie est une réponse à son travail.

Entrée dans l'activité

5 minutes.

L'entrée dans l'activité peut être la même qu'en phase 1 ou alors remplacée par un moment de danse libre avec répétition des postures de statue contrastées travaillées pendant la phase 2 : s'arrêter en faisant des statues imposantes et rondes à la manière de Niki de Saint Phalle, ou alors en faisant des statues grandes, allongées et fines à la manière de Giacometti.

Le sculpteur

20 minutes.

1

Aujourd'hui, nous allons continuer notre chorégraphie en racontant l'histoire d'un sculpteur et de sa statue à partir des danses que vous avez déjà réalisées.

Vous allez être par deux : l'un est une statue, l'autre est son sculpteur. Le sculpteur, en dansant, essaie de sculpter son partenaire, c'est-à-dire de changer sa position.

Pour le moment, la statue ne danse pas, elle ne fait que bouger quand son sculpteur la manipule. On essaie !

2 Les rôles sont ensuite inversés et un temps de mise en commun est proposé.

Exemple de questions posées :

Comment faites-vous pour sculpter votre statue ? Qu'est-ce qui vous a paru difficile quand vous êtes sculpteur mais aussi quand vous êtes statue ? Est-ce que la statue peut bouger toutes les parties de son corps en même temps ?

Exemples de réponses :

– *Pour sculpter ma statue, je prends ses bras et je les bouge.*

– *J'ai tourné sa tête et avancé un de ses pieds.*

– *Ce qui est difficile c'est de bouger les jambes car cela fait bouger toute la statue.*

– *Ma statue ne bougeait pas toujours comme je voulais.*

3 La chorégraphie du départ (phase 2) est ensuite reprise et l'enseignant, avec les élèves, décide d'y intégrer ce moment puis de prolonger l'histoire.

Voici un exemple d'histoire à raconter en dansant, en quatre tableaux :

Tableau 1 :

Les statues (la moitié de la classe) entrent toutes seules sur la scène, elles dansent librement et s'arrêtent au signal du meneur en prenant une posture ronde et imposante comme les statues de Niki de Saint Phalle.

Tableau 2 :
Quand les statues sont immobiles, les sculpteurs entrent sur scène et dansent autour des statues : ils visitent, regardent, sans toucher.

Tableau 3 :
Les sculpteurs vont ensuite vers leur statue et changent sa forme, ils la transforment en statue grande et élancée comme une statue de Giacometti.

Tableau 4 :
Pour finir, ils vont réveiller leur statue et danser avec elle, par deux.

Précisions sur le déroulement

- Cette histoire sera construite peu à peu, à chaque séance. Les différents tableaux peuvent être résumés sur une feuille affichée pour que le groupe se souvienne des différents moments illustrés sous forme de tableaux dansés. Sur cette feuille peuvent apparaitre des photos représentant les élèves à chaque phase et une phrase qui résume l'intention.

Chaque tableau est travaillé indépendamment des autres puis intégré à la chorégraphie globale.
Par exemple :

TABLEAU 1	TABLEAU 2	TABLEAU 3	TABLEAU 4
Les statues dansent comme celles de Giacometti et de Saint Phalle.	Les statues ne bougent plus, les sculpteurs entrent et dansent autour.	Chaque sculpteur rejoint une statue et change sa forme.	Chaque sculpteur réveille sa statue et danse avec elle.

- Une phase d'exploration sera nécessaire à chaque fois pour que les élèves puissent expérimenter et décider des actions à entreprendre.
Par exemple pour le tableau 4 « le sculpteur danse avec sa statue », une phase d'émergence des représentations pourra être proposée : Comment peut-on danser avec elle ?
Les différentes réponses pourront être essayées afin de n'en retenir qu'une seule identique pour tous, ou laisser chaque binôme choisir sa solution.

Réponses possibles des élèves :
– se tenir les mains face à face et danser en tournant ;
– danser par deux comme les adultes en se tenant par les bras ;
– danser face à face en faisant la même chose (miroir).

- Comme pour la phase 2, l'enseignant observe les élèves en activité :

INDICATEURS D'OBSERVATION	
Actions motrices engagées pendant le tableau 3	• Le sculpteur manipule doucement la statue ; celle-ci se laisse manipuler. • Le sculpteur est hésitant ; la statue ne se laisse pas faire, résiste. • Le sculpteur danse entre chaque manipulation, prend son temps ; la statue est concentrée et accompagne le mouvement.
Espace du corps mobilisé pendant la danse en miroir (tableau 4)	• Les mouvements sont souvent les mêmes et très localisés, par exemple les danseurs bougent uniquement les bras. • Les mouvements sont très symétriques, par exemple les danseurs font un mouvement à droite puis le même à gauche. • Le buste et la tête sont engagés, le corps se déséquilibre peu à peu.

- Des situations spécifiques seront proposées pour développer les ressources des élèves, à partir des observations menées. Elles sont à proposer plusieurs fois, selon les besoins. Deux exemples sont développés en page suivante.

Exemples de formulations des savoirs par l'enseignant

Il est plus facile de manipuler sa statue quand :
- elle reste sur ses deux pieds ou quand elle est au sol ;
- on ne touche qu'une partie du corps à la fois ;
- on ne change pas trop vite de partie du corps ;
- on la bouge doucement.

Situation spécifique 1 : guider ses mouvements par une intention

Observation : les actions du sculpteur sont hésitantes (tableau 3).
Il s'agit de donner une intention qui va guider davantage le sculpteur et orienter ses mouvements. Le tableau 3 de la chorégraphie est repris, avec alternance des rôles et des partenaires pour que chacun se rende compte de la nécessité de ne pas aller trop vite ni brusquement. L'enseignant guidera alors les élèves en donnant une action à faire faire à sa statue, par exemple : faites avancer votre statue ; amenez votre statue au sol sur le ventre, etc.
Les consignes vont inciter les élèves sculpteurs à toucher d'autres parties du corps, à cibler leurs actions.

Situation spécifique 2 : développer l'espace du corps

Observation : les mouvements sont très localisés au niveau des bras lors de la danse en miroir.
L'enseignant peut s'appuyer sur d'autres œuvres pour inciter les danseurs à mobiliser différentes parties du corps.

- Deux œuvres sont choisies (des formes contrastées, désaxées voire plus renversées), par exemple : *Opus n°6 sur le cou de pied et Opus n°23 Eva Venere ou Éternel féminin* du sculpteur Ghiorgo Zafiropulo[1].
- Les élèves doivent d'abord les reproduire, tous ensemble.
- Ensuite, sur une musique lente, ils devront passer de l'une à l'autre en bougeant leur corps comme ils le souhaitent.

La danse en miroir pourrait ensuite être retravaillée en donnant pour certains enfants la consigne de reproduire ces postures.
Les situations spécifiques sont ainsi proposées au gré des besoins avec l'avancée de la chorégraphie. Elles doivent être au service du projet de danse.

Adaptation possible pour des classes de PS et MS

Les œuvres artistiques peuvent être utilisées pour tous les niveaux, elles apportent des éléments culturels pertinents et permettent d'entrer plus facilement dans la démarche de création. La démarche consiste à proposer plusieurs supports aux élèves montrant des formes corporelles différentes, **sans leur demander de les reproduire exactement**. Le tableau intitulé *L'Acrobate bleu* de Picasso ou les tableaux de Keith Haring (*Dance* ou la fresque de l'hôpital Necker) incitent à inventer des postures pour aller vers des formes inhabituelles (déséquilibrées, au sol, renversées, asymétriques) et des formes collectives.
La démarche est plus exploratoire qu'avec des GS, les élèves alternent des moments de danse libre et des postures inspirées de ces tableaux.

1. www.zafiropuloghiorgo.com

Danse • Création de la danse du sculpteur

Ce que nous avons appris en éducation physique

Objectif : Construire une chorégraphie en reproduisant des formes observées et en utilisant des relations variées entre danseurs.

Votre enfant. . . . . danse avec ses différents camarades de classe en respectant le rythme de la musique. Il réussit à reproduire différentes formes en s'inspirant des statues de Giacometti. Il a mémorisé et reproduit une courte phrase dansée.

Votre enfant. . . . . accepte de danser avec ses camarades et d'entrer en contact avec eux pour réaliser des statues à deux.

7

Jeu collectif
Jeu de l'horloge

Le jeu de l'horloge est un jeu traditionnel qui fait partie des jeux collectifs avec ballon.
C'est un jeu de coopération avec ***opposition différée****.

LES JEUX COLLECTIFS AVEC BALLON	
Ce qu'ils sont	**Ce qu'ils ne doivent pas être**
un module organisé autour d'un jeu et d'un objectif spécifique	une succession de jeux
un jeu principal et des séances/situations spécifiques pour progresser dans le jeu	un module dans lequel on ne fait que jouer au même jeu
un moyen pour permettre à l'enfant de se développer avec les autres, de s'adapter aux autres	une centration sur la victoire et sur le résultat
des pratiques qui permettent aux enfants de réussir en utilisant leurs propres procédures	des ***pratiques fermées**** ou la réponse attendue est unique

Niveau de classe GS

Programme

- Objectifs : collaborer, coopérer, ***s'opposer****.
- Attendus : coopérer, exercer des rôles différents complémentaires, s'opposer, élaborer des stratégies pour viser un but ou un effet commun.

Ce que les élèves vont apprendre durant ce module :

– Manipuler un ballon en contrôlant ses actions et en s'adaptant à ses partenaires : lancer, attraper et faire rebondir.
– Comparer des manières de faire. Dire ce que l'on fait.

Organisation Classe entière.

Durée 6 ou 7 séances de 40 minutes.

Matériel

- 1 ballon par élève pour l'entrée dans l'activité.
- 1 ballon en mousse ou en peau d'éléphant pour le jeu.
- 1 dizaine de chasubles.

Vidéo pour l'enseignant « Jeu collectif : jeu de l'horloge ».

Règles du jeu Le jeu de l'horloge est un jeu de rapidité entre une équipe 1 qui forme un cercle et se fait des passes avec un ballon et une équipe 2 qui court autour de l'équipe 1.

Deux équipes composées d'un même nombre d'élèves sont constituées :

- L'équipe 1, les passeurs, a un ballon. Ses joueurs se placent en cercle à environ 1 mètre les uns des autres. Ils vont devoir transmettre le ballon à leur voisin dans le sens des aiguilles d'une montre. Ils représentent le cadran de l'horloge.
- Les joueurs de l'équipe 2, les coureurs, se placent en colonne, derrière une ligne de départ située à 3 mètres environ du cercle des passeurs. Ils vont courir en relai autour du cercle formé par les passeurs. Ils symbolisent les aiguilles de l'horloge qui font le tour du cadran.

Au signal de départ :

- Les joueurs de l'équipe 1 se transmettent le ballon en restant dans la mesure du possible à leur place. Ils doivent se passer le ballon (de la manière qu'ils souhaitent, par exemple en le lançant, en le donnant, en le faisant rouler) le plus grand nombre de fois possible, et comptent tout haut avec l'enseignant le nombre de passes effectuées.
- La course en relai pour l'équipe 2 commence.

Le jeu s'arrête quand tous les coureurs ont fait le tour du cadran.
On inverse ensuite les rôles des équipes.
L'équipe qui a réalisé le plus de passes durant le relai de l'équipe adverse gagne la partie.

Ce qu'il faut savoir

Le jeu de l'horloge est intéressant dans la mesure où les élèves vont apprendre à coopérer avec leurs partenaires pour trouver différentes manières de lancer et de recevoir un ballon.

C'est un jeu traditionnel, dit asymétrique, dans lequel les deux équipes n'ont pas les mêmes droits ni les mêmes devoirs, c'est pourquoi il est nécessaire d'alterner les rôles à chaque nouvelle partie.
Chaque équipe coopère : l'une pour courir en relai et l'autre pour se transmettre un ballon.
L'opposition collective est ***indirecte****, ce qui permet aux enfants d'entrer progressivement dans l'opposition, sans être « harcelés » par des défenseurs ou attaquants, physiquement voire affectivement. La prise d'informations et de décisions est ainsi adaptée à des enfants de GS : chaque joueur est en mesure de se concentrer avec ses partenaires pour transmettre et recevoir le ballon.

Évaluation des réussites et des progrès

Dans ce jeu, l'enseignant évalue essentiellement la manipulation du ballon. Nous n'aborderons pas ici les indicateurs pertinents pour évaluer les progrès en course rapide (voir pour cela le module 5, p. 96).

Indicateurs de progrès pour ce jeu :

- Enchainer rapidement des actions : attraper, s'orienter, passer, donner.
- Contrôler la trajectoire des ballons pour viser.
- Anticiper les actions des partenaires et les trajectoires du ballon pour l'attraper.

Phase 1

Découverte du jeu

1 ou 2 séances de 40 minutes.

Entrée dans l'activité

1 dizaine de minutes, 1 ballon par enfant.

Avant le jeu, il est indispensable de faire manipuler librement le ballon.

Tout à l'heure, nous allons jouer à un jeu de ballon. Il va falloir que vous appreniez à manipuler le ballon pour réussir le jeu et être de plus en plus forts ! Pour le moment, je vais vous donner un ballon à chacun, et vous allez chercher toutes les actions possibles à faire avec.

L'enseignant et les élèves répertorient ensuite les différentes actions motrices observées : rouler, lancer, attraper, rebondir, tenir, déplacer... Celles-ci peuvent être notées pour en garder une trace, ce qui permettra de tisser des liens entre les séances pour répéter ensuite les actions et progresser.

Vidéo : 1 s - 32 s

Découverte du jeu

1 trentaine de minutes, 1 ballon.

1

Nous allons jouer au jeu de l'horloge. En jouant à ce jeu, vous allez apprendre à lancer et à attraper un ballon. Je vous répartis en deux équipes. Nina, Medhi, Lou, Tom... vous êtes dans l'équipe 1. Placez-vous en cercle ici, au milieu de la salle. Je donne le ballon à Nina. Pour le moment Nina, tu gardes le ballon.

2

Théo, Mamadou, Lina, Adèle... vous êtes dans l'équipe 2. Vous vous placez en colonne derrière ce plot (*qui est à 3 mètres environ du cercle formé par les enfants de l'équipe 2*).

3

Je vais frapper le tambourin pour donner le signal de départ. Théo (*équipe 2*), tu cours le plus rapidement possible autour du cercle et pendant ce temps Nina (*équipe 1*), tu passes le ballon à ton voisin. Très bien, maintenant, c'est à toi, Medhi, de donner le ballon à John... nous allons compter ensemble à voix haute le nombre de passes que vous faites. Si le ballon tombe, ce n'est pas grave, c'est John qui va le chercher et le jeu continue !

4

Tu as fini ton tour, Théo, alors tu tapes dans la main de Mamadou. C'est à ton tour Mamadou de courir. Les joueurs de l'équipe 1, continuez à vous passer le ballon.

5

Le jeu est fini ! Arrêtez de vous transmettre le ballon. Tous les joueurs de l'équipe 2 ont couru autour du cercle.

Combien de fois avez-vous réussi à vous donner le ballon ? *16 fois : Nina l'a donné à Medhi, Medhi l'a donné à Lou, Lou l'a donné à Arthur mais Arthur n'a pas réussi à attraper le ballon qui est tombé par terre.*

Ce n'est pas grave, on compte quand même la passe. Au total, vous avez compté avec moi 16 passes. Bravo ! C'est très bien !

Maintenant nous allons changer de rôle : l'équipe 1 va courir et l'équipe 2 va se faire des passes. Si l'équipe 2 fait plus de passes que l'équipe 1, c'est-à-dire qu'elle fait plus de 16 passes, c'est elle qui gagne.

6

Demain, nous rejouerons à ce jeu. Nous continuerons à chercher différentes façons de transmettre le ballon aux partenaires, pour aller vite sans la perdre.

Précisions sur le déroulement

- Dans ce jeu, la manipulation du ballon peut être difficile, notamment sa réception. Pour que les enfants puissent jouer immédiatement et ne soient pas en échec, la transmission du ballon, qui est l'élément central du jeu, peut donc s'envisager autrement que par une passe « lancée » : les enfants peuvent se passer le ballon de mains à mains par exemple. De ce fait, le nombre de passes peut s'avérer assez élevé (une cinquantaine) si bien qu'il peut être plus pertinent de comptabiliser le nombre de tours, plutôt que le nombre de passes.

Vidéo : 33 s - 1 min

- Prévoir au moins 4 parties par séance, en alternant les rôles pour chaque équipe, afin que les élèves s'imprègnent du jeu et en comprennent les règles. L'enseignant, pendant ce temps, observe les modalités de transmission du ballon.
- À cet âge, les enfants sont préoccupés par le fait d'avoir le ballon entre les mains et ils se déconcentrent parfois rapidement.

Exemples de conduites typiques :
- le ballon est transmis de mains à mains pour ne pas le perdre ;
- le ballon est lancé mais plus difficilement attrapé ;
- l'élève se déplace vers son partenaire pour lui apporter ou lui prendre le ballon ;
- l'élève prend son temps avant de passer le ballon ;
- l'élève regarde ailleurs et n'est pas prêt à recevoir le ballon.

- Organiser une phase de mise en commun au milieu ou à la fin du temps de jeu :

  Comment avez-vous fait pour réussir plus de passes que l'autre équipe ? Comment pouvez-vous faire ou comment pouvez-vous vous placer pour augmenter le nombre de passes réussies ? Comment faites-vous pour attraper le ballon quand un partenaire vous le lance ?

- Au cours de la même séance ou de la séance suivante, rejouer en essayant de mettre en œuvre ces techniques ou solutions proposées par les élèves. Par exemple, certains élèves choisissent de se passer le ballon de mains à mains pour ne pas le perdre, et d'autres préfèrent essayer de le lancer pour aller plus vite.

Exemples de formulations des savoirs

- On peut jouer en se donnant le ballon dans les mains ou alors en le lançant. Mais attention, si on lance trop fort, le partenaire ne peut pas toujours l'attraper et cela fait perdre du temps !
- Pour gagner, il faut jouer vite, mais il faut aussi vérifier que notre partenaire est prêt à recevoir le ballon : il doit nous regarder et nous tendre ses mains. Sinon, le ballon risque de tomber par terre.

Phase 2 On joue en expérimentant différentes façons de se transmettre le ballon

3 séances de 40 minutes.

Entrée dans l'activité

1 quinzaine de minutes, 1 ballon en mousse ou en peau d'éléphant par enfant.

Après quelques minutes de manipulation libre, l'enseignant oriente la manipulation du ballon en fonction de ses observations :

Hier, lors du jeu, certains essayaient de se passer le ballon en le lançant. C'est une bonne idée, mais nous avons pu voir que ce n'est pas facile du tout de lancer le ballon et surtout de le rattraper. Alors maintenant, nous allons nous entrainer pour réussir à chaque fois ; vous allez chercher toutes les façons de lancer votre ballon et de le rattraper. Vous pouvez chercher tout seul ou à deux.

S'entraîner par deux à se faire des passes à rebonds

Vidéo : 1 min – 1 min 38

Réponses possibles des élèves :

Lancer devant soi
et courir chercher le ballon
après plusieurs rebonds.

Lancer au-dessus
de soi pour essayer
de le rattraper sans rebond.

Lancer près de soi,
laisser rebondir et
rattraper ensuite.

Lancer à son partenaire
face à face.

Lancer à son partenaire
qui rattrape après rebond(s).

Peu à peu, des repères seront donnés aux élèves pour les aider à progresser.
Il faut :
- toujours regarder le ballon quand on veut l'attraper, pour placer les deux mains dessous ;
- préparer ses mains pour attraper le ballon, en mettant les deux bras vers l'avant, pas trop écartés ;
- se tourner vers son partenaire et le regarder quand on lui lance le ballon, pour viser au bon endroit ;
- lancer doucement à deux mains.

La phase de mise en commun permettra de faire le point sur les actions et d'envisager celles qui sont les plus efficaces dans le cadre du jeu.
La même démarche peut être reprise avec d'autres actions, en proposant des situations problèmes, pour améliorer leur efficacité.
Par exemple, chercher :
- comment faire rouler le ballon rapidement à son partenaire ;
- comment se le passer rapidement en faisant des rebonds.

Jeu de l'horloge en faisant le plus de passes possible

20 minutes, 1 ballon.

Pour réussir à faire le plus de passes possible pendant que l'autre équipe court, vous allez maintenant essayer différentes façons de vous passer le ballon, celles que vous avez vous-mêmes trouvées hier et aujourd'hui avant de commencer le jeu. Cela vous permettra de savoir comment faire pour aller vite.

Jouer en se lançant la balle

Vidéo : à partir de 1 min 39

- Plusieurs parties vont être jouées ; l'enseignant et les élèves se mettent d'accord pour choisir la modalité de transmission du ballon à chaque partie, par exemple :
  - faire rouler le ballon au sol ;
  - faire rouler le ballon au sol en étant soi-même à genoux au sol ou assis ;
  - se le passer de mains à mains en étant proches ;
  - s'écarter davantage et se passer de mains en mains le ballon en se rapprochant du receveur ;
  - se lancer le ballon et l'attraper (avant qu'il ne touche le sol ou après) ;
  - faire des rebonds par terre et l'attraper.

  Lors des différents essais, l'enseignant et les enfants comptent puis notent le nombre de passes réalisées. Cela servira de support lors de la mise en commun pour identifier ensuite les réussites et là où il est peut-être nécessaire de s'entrainer.

- Organiser ensuite une phase de mise en commun, exemples de questions à poser :

Regardons les résultats au tableau. L'équipe 1, vous avez réalisé 15 passes en faisant rouler le ballon au sol et 10 en vous le passant de mains à mains. À votre avis, comment ça se fait que vous ayez fait moins de passes quand vous étiez proches, tout serrés, et que vous vous passiez le ballon de mains à mains ?

L'équipe 2 maintenant, pourquoi est-ce que c'est si difficile d'attraper le ballon qu'on vous lance ? Que faut-il faire pour réussir ? Est-ce que vous vous en rappelez ?

Exemples de formulations des savoirs

- Quand on fait rouler le ballon au sol pour faire des passes, on va plus vite que quand on se donne le ballon de mains en mains.
- Il faut bien attendre que le partenaire nous regarde et qu'il ait ses mains préparées avant de lancer.
- Pour aller vite, il faut toujours regarder le ballon, même quand on ne l'a pas ! Car il arrive parfois très vite.

Phase 3

On s'entraine pour progresser !

2 ou 3 séances de 40 minutes.

Entrée dans l'activité

1 quinzaine de minutes, 1 ballon pour 2.

Vous avez trouvé beaucoup de façons pour lancer et attraper le ballon. Maintenant, vous allez vous entrainer pour réussir le plus souvent possible et pour aller plus vite quand nous jouerons au jeu de l'horloge. Vous pouvez décider de faire rebondir le ballon au sol ou non.

Les enfants vont maintenant s'entrainer pour réussir de plus en plus souvent des actions complexes : lancer et attraper.
Dans un premier temps, les enfants peuvent se lancer le ballon à eux-mêmes, sur place puis en se déplaçant, après rebond(s) au sol puis sans rebond.
Ensuite, par deux, ils s'entrainent à se lancer le ballon pour trouver la distance de passe optimale (1 à 2 mètres, à cet âge), comment se préparer à rattraper, comment lancer pour que son partenaire l'attrape.

Jeu de l'horloge

25 minutes.

Les enfants jouent en se faisant uniquement des passes par lancers entre partenaires. La répétition est importante pour réussir de plus en plus de passes et identifier comment chaque joueur doit se placer, comment il doit préparer ses mains pour attraper, comment il fait pour enchainer les passes rapidement en changeant l'orientation de son corps et en veillant à ce que son partenaire soit prêt. Tous ces éléments peuvent être soulignés lors des phases de mise en commun.

Exemples de formulations des savoirs

Il est plus facile de réussir une passe quand :

- On est face à son partenaire, pas trop près pour qu'il ait le temps de voir le ballon arriver.
- On lance le ballon doucement, en cloche.
- On prépare ses mains pour attraper le ballon.
- On regarde toujours le ballon.
- Si le ballon n'est pas lancé dans notre direction, on se déplace rapidement pour aller le chercher.
- On peut aussi le laisser rebondir et l'attraper après.

Adaptation possible pour une classe de MS/GS

- Lors de l'entrée dans l'activité qui peut être assez longue, il est intéressant de faire travailler les MS avec les GS. Il est important de prendre en compte avant tout les capacités réelles des élèves et non leur niveau de classe : certains MS disposeront des mêmes ressources que les GS. De façon générale, les grands contrôlent mieux leurs trajectoires de balle, ils vont donc envoyer des ballons plus faciles à attraper qu'un enfant de MS.
  L'enfant de MS qui joue avec un de GS progressera plus vite. L'enfant de GS progressera aussi car il apprendra à lancer doucement, à créer une trajectoire en cloche pour que le MS réussisse à attraper le ballon plus facilement et donc à faire gagner son équipe lors du jeu de l'horloge.

- Pendant le jeu de l'horloge, les enfants peuvent aussi jouer ensemble. Selon la répartition des MS/GS, l'enseignant peut, par exemple, alterner dans le cercle un MS, un GS... pour que les MS reçoivent des ballons plus faciles à attraper. Il peut aussi choisir de faire jouer les MS contre les GS mais en leur donnant des modalités de passes différentes à faire : par exemple, les GS se lancent le ballon et les MS le font rouler au sol, ou alors chaque GS doit courir deux tours autour de l'horloge alors que les MS n'en font qu'un chacun. L'idée est de rééquilibrer le rapport de force pour que chacun ait une réelle chance de gagner, qu'il soit en MS ou en GS.

Remarque : *Pour des PS, ce type de jeu collectif n'est pas du tout adapté. Conformément au programme, on privilégiera d'abord en PS les jeux de collaboration, c'est-à-dire où chacun joue à côté des autres, comme lors des jeux du déménagement (voir module 3). Ensuite, l'enseignant pourra proposer des jeux avec interactions de coopération (jeux de relai, écureuils en cage). Les jeux avec opposition, plus complexes au plan informationnel, seront proposés ensuite en privilégiant d'abord les jeux « un contre tous » comme les jeux de loup.*

Jeu collectif • Jeu de l'horloge

Ce que nous avons appris en éducation physique

Objectif : Manipuler un ballon en contrôlant ses actions et en s'adaptant à ses partenaires : lancer, attraper et faire rebondir.

Votre enfant ....

a réussi à jouer au jeu de l'horloge en faisant des passes rapidement à ses camarades. Il connait et applique les règles du jeu. Il va maintenant apprendre à lancer le ballon en cloche.

Votre enfant ....

sait jouer au jeu de l'horloge en respectant les règles et attraper un ballon lancé par un camarade sans qu'il ne touche le sol. Il réussit maintenant à mieux coordonner ses gestes.

Présentation des vidéos

Chaque module a été expérimenté en classe et a été construit en collaboration avec les enseignants concernés à partir de l'analyse des actions et réponses motrices des enfants.
Sur le DVD, 10 vidéos montrent des séances filmées en classe.

	VIDÉOS	NIVEAUX DE CLASSE	DURÉE
Introduction	Éducation physique avec les moins de trois ans	TPS	2 min 58
1 Rouler et glisser	Promenons-nous en roulant	TPS-PS	3 min 28
2 Gymnastique	Rouler et se renverser : entrée dans l'activité	PS-MS	1 min 47
	Rouler et se renverser : phase d'exploration		2 min 38
	Apprendre à rouler pour s'entrainer		1 min 43
3 Lancer et viser	Apprendre à lancer et à viser	PS-MS	1 min 43
4 Jeux d'orientation	Jeux d'orientation	PS-MS	3 min 28
5 Course rapide	À vos marques… prêts… partez !	MS-GS	2 min 52
6 Danse	Création de la danse du sculpteur	GS	3 min 16
7 Jeu collectif	Jeu de l'horloge	GS	2 min 24

Utilisation du DVD

Installer l'application

Sur PC : Insérer le disque dans votre lecteur : l'installation se lance automatiquement. Si ce n'est pas le cas, aller dans le « Poste de travail » (menu « Démarrer »), cliquer sur le fichier « Education_physique_a_grands_pas_maternelle_PC.exe » et suivre les étapes d'installation jusqu'à la fin. Une icone s'affiche alors sur le « Bureau » : double cliquer dessus pour lancer l'application.

Sur Mac : Insérer le disque dans votre lecteur et double cliquer sur l'icone pour l'ouvrir. Double cliquer sur « Education_physique_a_grands_pas_maternelle_MAC.dmg » puis glisser l'application dans le dossier « Applications ». Aller dans le dossier « Applications » et double cliquer sur l'application installée pour la lancer. L'installation peut prendre quelques minutes.

Sous Linux : Insérer le disque dans votre lecteur et double cliquer sur l'icône pour l'ouvrir. Double cliquer sur « Education_physique_a_grands_pas_maternelle_linux64.tar.gz » puis décompresser le dossier. Double cliquer sur l'application pour l'ouvrir.

L'insertion du DVD n'est plus nécessaire une fois l'application installée sur l'ordinateur.
Dorénavant, le contenu du DVD est également proposé en téléchargement.

Naviguer dans l'application

• Accueil

Cliquer sur le logo pour accéder au site Retz.

Cliquer sur la rubrique souhaitée pour accéder aux ressources associées.

Cliquer sur le bandeau supérieur pour retourner à l'écran d'accueil.

Le nom de la rubrique sélectionnée s'affiche en couleur.

Cliquer sur ces boutons pour accéder directement aux autres rubriques, sans repasser par l'accueil.

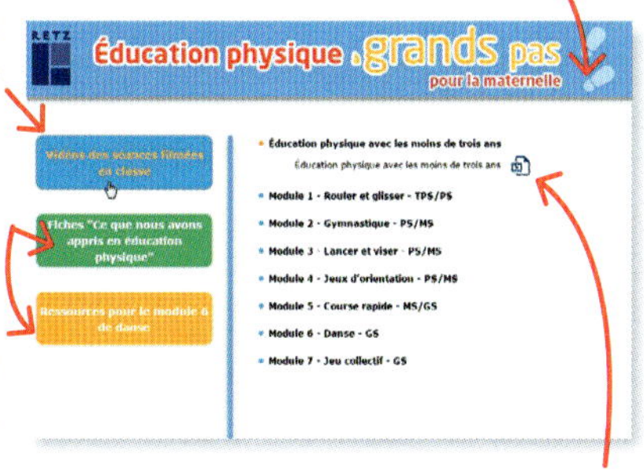

L'ensemble des ressources associées à la rubrique s'affiche (dérouler les sous-menus pour afficher les ressources).

• Afficher les fichiers PDF

1. Cliquer sur le nom du document pour le visionner, l'imprimer ou le vidéoprojeter. Le document s'affiche dans une nouvelle fenêtre (voir 2.).

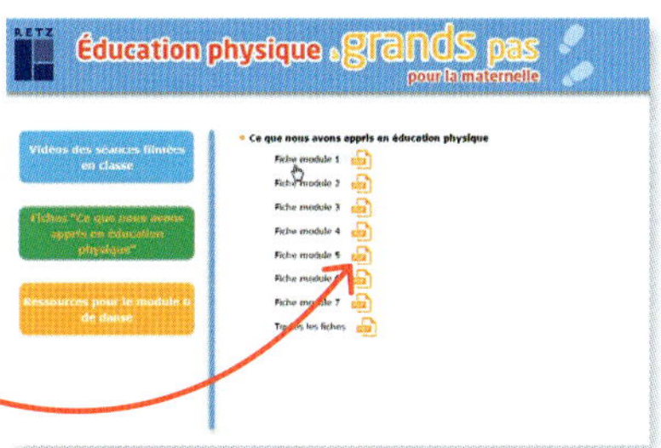

2. Le logiciel automatiquement utilisé (Adobe Reader, Aperçu…) permet d'agir sur le document : zoom, rotation, impression…

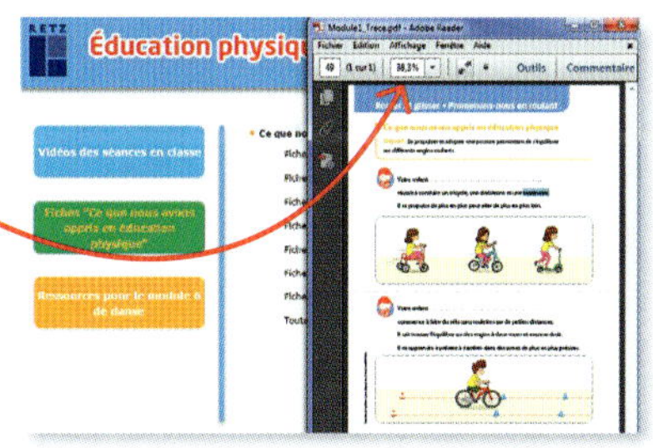

• Regarder les vidéos

1. Cliquer sur le nom de la vidéo souhaitée.

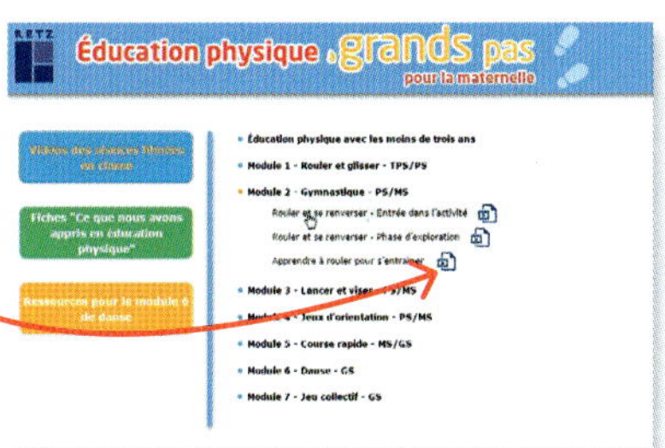

2. Un player s'affiche avec des boutons « Lecture », « Pause » et « Volume ».

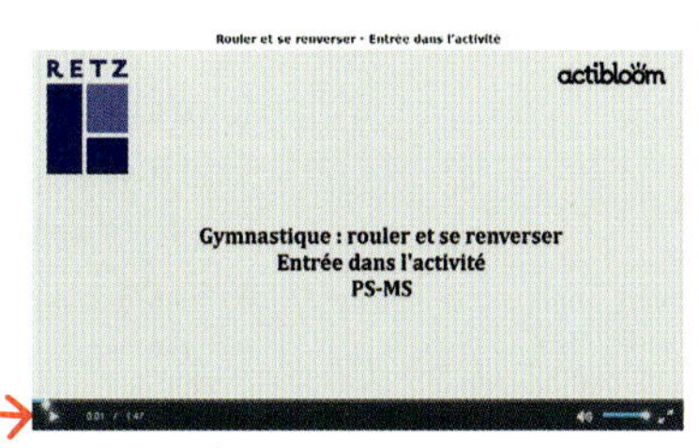

Dans la même collection

Crédits photos

Couverture : Ph. © iStock

Pages 109 et 113 : Alberto Giacometti, *L' Homme qui pointe*, 1947 – Bronze (179 x 103,4 x 41,5 cm) – Museum of Modern Art, New York. Ph. © 2019. Digital image, The Museum of Modern Art, New York/Scala, Florence © Succession Alberto Giacometti (Fondation Alberto et Annette Giacometti, Paris + Adagp, Paris), 2019.

Pages 109 et 113 : Alberto Giacometti, *L 'Homme qui marche, (Version I)* 1960 – Bronze (182,24 × 26,67 × 96,52 cm) – Albright-Knox Art Gallery, Buffalo. Ph. © 2019. Albright Knox Art Gallery/Art Resource, NY/Scala, Florence © Succession Alberto Giacometti (Fondation Alberto et Annette Giacometti, Paris + Adagp, Paris) 2019.

Page 108 : Niki de Saint Phalle, *Les Trois Grâces*, 1994 – Résine de polyester peinte (H. 64,8 cm) – Collection particulière. Ph. © Christie's/Artothek/ La Collection © 2019 Niki Charitable Art Foundation/Adagp, Paris.

Page 108 : Niki de Saint Phalle, *Les Baigneurs*, 1975 – Polyester peint (47,5 × 47 × 28 cm) – Collection privée, Ulm. Ph. © akg-images © 2019 Niki Charitable Art Foundation/ Adagp, Paris.

Direction éditoriale : Céline Lorcher
Édition : Élodie Chaudière
Illustrations : Mélanie Roubineau
Vidéos : Lucie Mougenot
et Jean-Marc Rigal (Actibloom)

Mise en page et réalisation :
Anne-Danielle Naname / Laurine Caucat
Correction : Florence Richard
Réalisation du DVD : Studit

Imprimé en France, en août 2021, par l'Imprimerie Chirat
N° de projet : 10277018 - Dépôt légal : mai 2019 - N° 202107.0201